Ana Valéria Silva Gonçalves
Grasielle dos Reis Rodrigues Mello
Joaquim Toledo Lorentz

CONFLITOS APÓS A MORTE

A Mediação Aplicada ao Direito das Sucessões

Ana Valéria Silva Gonçalves
Grasielle dos Reis Rodrigues Mello
Joaquim Toledo Lorentz

CONFLITOS APÓS A MORTE

A Mediação Aplicada ao Direito das Sucessões

Del Rey editora

Belo Horizonte
2019

Impresso no Brasil | Printed in Brazil
EDITORA DEL REY LTDA.

www.editoradelrey.com.br

Editor: Arnaldo Oliveira

Editor Adjunto: Ricardo A. Malheiros Fiuza
In memoriam

Diagramação / Capa: Alfstudio

Revisão: Gehilde Reis Paula de Moura

EDITORA
Rua dos Goitacazes, 71 – Lojas 20 a 24
Centro - Belo Horizonte-MG
CEP 30190-909

Comercial:
Tel.: (31) 3284-3284 | 25163340
vendas@editoradelrey.com.br

Editorial:
editorial@editoradelrey.com.br

G635c

Gonçalves, Ana Valéria Silva
Conflitos após a mortte: a mediação aplicada ao direito das sucessões / Ana Valéria Silva Gonçalves, Grasielle dos Reis Rodrigues Mello, Joaquim Toledo Lorentz. — Belo Horizonte: Del Rey, 2019.

xxiv, 156 p. — Inclui bibliografia.

ISBN: 978-85-384-0570-2

1. Direito civil – Brasil 2. Herança e sucessão – Brasil 3. Mediação – Brasil I. Mello, Grasielle dos Reis Rodrigues II. Lorentz, Joaquim Toledo III. Título

CDU (1976) 347.6(81)

Ficha catalográfica elaborada pelo bibliotecário Junio Martins Lourenço CRB 6/3167.

Grasielle dos Reis Rodrigues Mello

Agradecimentos

A Jesus Cristo, mestre dos mestres, que me guia a cada passo; os meus pais, Sérgio e Elisa, meu porto seguro e principais incentivadores em tudo; e, à minha sogra, Regina, grande amiga e segunda mãe. Obrigada por me ajudarem a fazer tudo isso acontecer, pelo suporte com minha neném e cobertura espiritual essencial! Vocês me inspiram!

Dedicatória

Ao meu amado marido, parceiro de vida e melhor amigo, Beto de Mello; à nossa doce e preciosa filhinha Isabel; e, ao nosso novo frutinho de amor embalado pelo meu ventre. A vocês todas as minhas mais profundas formas de amar!

Nossa capa traz uma imagem "Kintsukuroi", que é a arte de consertar cerâmicas quebradas com ouro e laca. Ao invés de diminuir a beleza da peça, um novo senso de sua vitalidade e resiliência elevaram sua apreciação a novas alturas. O pote tornou-se mais belo por ter sido quebrado. Houve quem ponderasse que a verdadeira vida do pote começou no momento em que caiu e se quebrou. O simbolismo dessa arte remete a beleza do amadurecimento e das superações da vida. Assim são nossas cicatrizes reais e emocionais quando trabalhadas.*

A proposta da nossa obra traz exatamente este sentido. Muitos conflitos surgidos a partir de um contexto sucessório desgastante podem gerar danos irreparáveis na alma, assim como um vaso que se quebra, como se as dores nos despedaçassem o coração. Todavia, a Mediação de Conflitos é apresentada como uma oportunidade de "restauração" dos vínculos desfeitos. O mediador atua como um facilitador da comunicação, possibilitando uma ressignificação do sentido das relações, agregando ainda mais valor a elas pela beleza de sua historicidade.

Inspiração da autora Grasielle Mello

*Josie Conti. Disponível em: https://www.contioutra.com/kintsukuroi-arte-de-consertar-ceramicas-quebradas-com-ouro-e-laca/amp/

Ana Valéria Silva Gonçalves

Agradecimentos

Aos meus pais, Hélio e Leida, que me educaram para a vida, com muito amor, meu eterno agradecimento. Aos meus irmãos e irmãs, Maria do Carmo, Terezinha, Margarida, Teresa Raquel, Hélio Augusto, José Eduardo e Cláudio Luiz, minha gratidão pelos exemplos de vida e pelas presenças amorosas.

Aos queridos, Grasielle e Joaquim, meu agradecimento, de coração, pela parceria, pela paciente disponibilidade e pelo aprendizado.

Dedicatória

Aos meus amores, Gabriel e Marcelo, fontes de inspiração diária, de apoio incondicional e de realização na vida. Com vocês tudo floresce harmoniosamente!

Joaquim Toledo Lorentz

Agradecimentos

Agradeço a Deus, que me ilumina na busca do que é Justo e Perfeito.

A Sabrina, luz na minha vida. A Bia e Bela, paz e alegria do meu coração. A Terezinha, Fernandão e Fernandinho, família querida, base de tudo.

A Matheus, meu eterno revisor. Ao Zé, irmão sempre. E a Nayara, que cuida do meu dia.

Dedicatória

Há não muito tempo deixei uma instituição onde lecionei por 16 anos. Não sei dizer o tamanho da minha emoção com as centenas de manifestações nas redes sociais, vindas dos meus alunos, vários dos quais, confesso, nem mais me lembrava. O episódio me deu a dimensão de minha responsabilidade com a docência e renovou meu ânimo na transmissão do conhecimento.

Portanto, dedico esta obra a vocês, meus alunos, com carinho.

PREFÁCIO

Esta obra, deveras oportuna e densa, construída, colaborativamente, pelos ilustres autores Ana Valéria Silva Gonçalves, Grasielle dos Reis Rodrigues Mello e Joaquim Toledo Lorentz, contempla o Direito Sucessório em perspectiva multidisciplinar, a teoria da Mediação e orientações para a sua prática em abordagem específica.

Em seus primeiros seis capítulos traz excelente abordagem do Direito das Sucessões, com suporte no ordenamento jurídico nacional e internacional, na doutrina, na jurisprudência e no que dispõe o nosso Código Civil, em nítido e bem sucedido propósito pedagógico de situar o mediador, jurista ou não, nos vários desdobramentos jurídicos e multidisciplinares neste âmbito dos conflitos após morte.

O SUMÁRIO da obra enuncia, detalhadamente, as regras e princípios relacionados a esse campo do Direito, cuja complexidade variará em cada caso concreto.

Para que se tenha melhor ideia, eis como os autores esclarecem a amplitude do seu campo de estudos: "O falecido deixou herdeiros? Certamente precisaremos conhecer o Livro I, do Código Civil, que regulamenta quem serão os sujeitos de direito e da capacidade para seu exercício. O falecido possuía contratos pendentes? Imprescindível o conhecimento do Direito das Obrigações, da Teoria Contratual e ainda da Responsabilidade Civil. Dentre os bens deixados havia quotas de empresa? Ali também estarão as regras necessárias para delimitar o que ocorrerá com a pessoa jurídica empresarial. O falecido possuía bens? Vital o conhecimento do Direito das Coisas, para discussões que envolvam Posse e Propriedade! Quem serão os herdeiros? Como saber sem conhecer a fundo as regras de Direito de Família?".

Os autores também destacam e esclarecem, com proficiência, que, em nossa cultura, é pouco comum a existência de testamento, embora entendam que sua elaboração consciente e bem orientada constitui prática recomendável, pois ali pode estar uma oportunidade para o testador manifestar a sua vontade quanto a como deseja que os bens venham a ser partilhados entre os herdeiros.

Tivéssemos nós maior habilidade para o diálogo sobre questões contraditórias nos âmbitos da família e da empresa, tais práticas iriam prevenir futuros litígios. Embora admitamos que também possa dar ensejo a outras disputas; tudo a depender do modo como sejam ou não acatados os sentimentos e o sentido de justiça do testador, bem como a forma em que seja ajustado o embasamento jurídico-formal do testamento, englobando as disposições sobre herdeiros e eventuais legatários.

Entende-se que ao mediador não se exige conhecimento especializado em Direito das Sucessões. Precisará, no entanto, estar capacitado a compreender o sentido da sua linguagem. Pois, embora caiba aos advogados e/ou defensores públicos o assessoramento jurídico dos mediandos, espera-se que ao mediador - que facilitará o entendimento com vistas à consensualização - disponha de um vocabulário capaz de compreender o linguajar jurídico relacionado com a sucessão e as modalidades de testamento.

Mediadores ou conciliadores também podem ser demandados para atuar na prevenção de conflitos neste campo, em situações de planejamento sucessório. Assim, já antes da morte, por iniciativa do interessado e com amplo respeito à sua autonomia, as circunstâncias poderão ensejar a contratação de bons mediadores, no sentido de facilitar as condições necessárias à construção de entendimento pacificado a respeito dos sentimentos e direitos daquele criador de riquezas, quanto à sucessão testamentária ou não. Com efeito, a solução pacífica de previsíveis controvérsias no âmbito sucessório pode ser mais um valioso legado de experiências no ocaso da vida, com potencial para prevenir futuras discórdias familiares.

Em verdade, conforme bem acentuado nesta obra, a prática eficaz da Mediação, após a morte, pode ser ainda mais complexa. Os autores compartilham a experiência de que "O conhecimento técnico é imprescindível à solução dos problemas gerados pelo óbito de alguém, mas não há como se desconhecer que os sujeitos envolvidos no processo sucessório, na maioria das vezes, acabaram de passar por uma situação extremamente traumática com a perda de um ente querido. Ainda mais, cada um deles tem uma história particular de vivências relacionadas ao falecido e demais parentes, que pode dificultar uma análise sóbria das questões que o envolviam".

É sobre tais questões que este livro oportunamente desenvolve e orienta, do sétimo ao décimo terceiro capítulo, ao expor os vários conteúdos teóricos e exemplificações práticas do universo interdisciplinar e sistêmico dos métodos e metodologias da construção de consensos. E o faz, mais uma vez, com precisão e esmero, com ênfase no após morte.

Tal abordagem tem início com a observação de que "O óbito de alguém traz de imediato a sensação de perda, mas também faz submergir uma série de outros sentimentos como culpa, raiva, rancores e outros sentimentos criados dentro de uma história familiar, ampliando os conflitos entre os herdeiros envolvidos".

Daí porque de logo asseveram, os autores, com sobeja razão, que "O operador jurídico desta seara, portanto, precisará conjugar a melhor técnica, com os cuidados necessários para antever a história vivenciada pelos envolvidos, sob pena de não se conseguir alcançar uma solução que pacifique a questão".

Com tal propósito são comentados e exemplificados os mais atuais entendimentos sobre a teoria e a gestão de conflitos, incluindo a necessária adoção de procedimentos construtivos, nutridos nas melhores habilidades e técnicas de comunicação construtiva e de não-violência. Daí porque é consultada a melhor doutrina nacional e estrangeira, para uma compreensão contextualizada dos métodos e diferentes escolas de construção de consensos, englobando os princípios da ética de pacificação social, os fundamentos normativos conforme dispostos no CPC e na Lei de Mediação do Brasil, as estratégias de pré-Mediação, bem como as etapas flexíveis e variáveis do procedimento.

Ao final da agradável leitura desta bela obra sobre Conflitos Após a Morte, chega-me a vontade de brincar um pouco a respeito, ao recordar-me do nosso Machado de Assis, em cuja obra "Histórias Póstumas de Brás Cubas" o personagem Brás Cubas apresenta-se após a morte, não como um autor defunto, mas como um "defunto autor".

E passei a imaginar os nossos pais, após a morte, escrevendo, dos seus túmulos, as memórias de como os seus filhos estariam administrando as heranças que lhes deixaram. Teriam eles razões para se orgulhar de nós?

Esta obra, que muito prazerosamente prefacio, preenche uma lacuna e será capaz de inspirar aqueles e aquelas que, aqui e alhures, estejam a mergulhar nos novos paradigmas da Mediação de conflitos após a morte de alguém. Tudo a demonstrar que estamos mais próximos da cultura da pacificação social e dos sistemas multiportas de acesso à ordem jurídica justa.

CARLOS EDUARDO DE VASCONCELOS,

Advogado, mediador, e professor universitário de Mediação, arbitragem, introdução à educação superior e hermenêutica jurídica.

APRESENTAÇÃO

Teoria e prática caminhando juntos! Talvez este seja o maior mérito desta obra.

Escrita em linguagem simples e leve, aproxima leitor e Autores, como se estivem juntos em uma agradável conversa de sala de aula, sem perder o foco na profundidade teórica que perpassa o tema.

Será sempre curioso perceber como a morte desperta tanto interesse e, ao mesmo tempo, repulsa. O próprio estudo jurídico deste fato é algo desafiador, porque promove enormes mudanças nas relações patrimoniais, obrigacionais e outras.

O Direito das Sucessões é disciplina amada e temida por estudantes, por suas curiosidades e dificuldades. Também os operadores do Direito enfrentam problemas com a matéria, seja pelos percalços da regulamentação legal deficiente e confusa, seja pelos conflitos de interpretação dos Tribunais a respeito de seus institutos.

A disciplina exige muito de seus operadores, pois além da complexidade técnica, devem estes estar preparados para se defrontar com herdeiros passando por um delicadíssimo momento, diante da perda de um ente querido, tendo que resolver questões práticas, ao mesmo tempo de buscam superar a dor da perda.

Não é difícil visualizar os problemas pelos quais passam os que sobrevivem ao falecido, que se veem de imediato lançados num ambiente quase sempre desconhecido, com a necessidade de tomada de várias decisões para fins de conservação e distribuição do patrimônio deixado.

Todas as dificuldades teóricas, emocionais e também de cunho prático foram captadas pelos Autores, que procuraram apresentar um estudo a respeito do surgimento e da administração dos conflitos, identificando a Mediação como um processo viável para construção da sua solução.

Os Autores têm extenso currículo de atuação prática, o que certamente viabilizou a interessante conexão entre Direito das Sucessões e Mediação.

Joaquim T. Lorentz é professor de Direito Sucessório e advogado atuante nesta seara há quase duas décadas e certamente sofreu juntamente com seus constituintes as agruras de um processo judicial demorado, para o qual as partes e até mesmo o Poder Judiciário nem sempre estão preparados.

Ana Valéria Silva Gonçalves e Grasielle dos Reis Rodrigues Mello, professoras e mediadoras "de corpo e alma", não deixam dúvidas de seu preparo ao identificar a mistura de sentimentos e as dificuldades de comunicação entre os que estão envolvidos no inventário, o que traz como consequência um enorme número de conflitos.

No último capítulo, os Autores trazem três interessantes casos, extraídos de sua praxe forense, que evidenciam os benefícios na conjugação entre Mediação e Sucessões.

Juntos, os Autores proporcionam ao leitor não só o conhecimento de algumas normas do Direito das Sucessões e conseguem demonstrar que ele, por si só, oferecerá ao juiz uma solução fria para os conflitos entre os herdeiros. Conforme observam, a sentença judicial quase nunca traz a pacificação aos envolvidos. Muito ao contrário, por vezes provoca o que se chama "espiral de conflitos" agravando ainda mais a relação entre os parentes.

Os Autores apresentam a Mediação, não só como um instrumento para solucionar os problemas surgidos entre os herdeiros, mas como poderoso aliado para trabalhar as questões relacionais detectadas, para além destes conflitos.

CÉSAR FIÚZA,

Doutor em Direito pela UFMG. Professor de Direito Civil na UFMG, na FUMEC e na PUCMG. Advogado e consultor jurídico

SUMÁRIO

1
DESAFIOS DA SUCESSÃO *MORTIS CAUSA*

A morte é um evento que sempre trouxe grande impacto ao ser humano nas mais diversas esferas. Como antítese da vida, traduz verdadeiro mistério, ao qual se dedicam todas as religiões, várias correntes filosóficas e pensadores em geral, que buscam nela um sentido, uma esperança, um conforto ou, pelo menos, um fundamento para concretude, no caso dos agnósticos.

Em prefácio à obra de Arthur Vasco Itabaiana de Oliveira (1952, p.38) Lopes da Cruz observa:

> A princípio, assim como o mistério da Vida criou a ideologia do Gênesis, o mistério da Morte criou a ideologia da Outra Vida, somente concebida quando iniciada com a morte e além túmulo.

Seja a morte um momento de passagem ou um fim em si mesma, certo é que deixa aos que ficam, além das dúvidas sobre a posteridade, a necessidade de providências imediatas de cunho prático, dados os interesses daqueles que sobreviveram ao falecido.

Os herdeiros, seres humanos que são, além de dotados de razão e inteligência, possuem uma histórica única e particular, permeada pela subjetividade das situações ocorridas durante toda uma vida, que lhes impõe vontades, desejos, mágoas e sentimentos. Essa realidade pode refletir numa postura rígida e não colaborativa para enfrentar a vida, com as consequências do falecimento do ente querido.

As primeiras preocupações que surgem após o óbito dizem respeito ao funeral do falecido: quem irá assumir os procedimentos necessários ao enterro, as despesas finais de hospital e funerárias, o comparecimento ao cartório para fins de elaborar o atestado de óbito (documento indispensável para o enterro), dentre outras.

Todas estas dúvidas e preocupações surgem num momento de grande fragilidade para os familiares do falecido, que precisam lidar com a tristeza do passamento e a necessidade da tomada de decisões visando conhecer os efeitos jurídicos trazidos pelo óbito, bem como buscar direitos e evitar prejuízos.

Passado o funeral, surgem problemas como a administração dos bens do falecido, resolução de interesses comerciais pendentes e outras providências que realmente consomem tempo e dinheiro dos que ficaram responsáveis por tais tarefas. Não demorará muito para que se comece a pensar com quem ficarão os bens e o que fazer para promover a transmissão formal a eles.

É exatamente aí que notamos a importância do Direito Sucessório, ramo que comporta os princípios e as regras que buscam organizar tais questões e solucionar eventuais conflitos que surgem por ocasião do óbito de alguém. Roberto de Ruggiero (1937) já lecionava:

> Em qualquer outro campo pode ser verdade o **mors ominia solvit**, menos no direito, onde exigências não só morais e do espírito, mas sociais, políticas e, sobretudo, econômicas, impõem que, para a segurança do crédito, para a conservação e incremento da riqueza, as relações de uma pessoa continuem mesmo depois da sua morte; que no seu patrimônio se substitua um novo titular, o qual represente como que o continuador da personalidade do defunto (DE RUGGIERO, 1937, p. 427-428).

As regras que regulamentam a sucessão *causa mortis* têm como um de seus fundamentos esta noção de perenidade, de busca de continuidade para além da morte, projetando as relações jurídicas não na figura do falecido, cuja personalidade se esgotou com o óbito, mas nos herdeiros escolhidos pela lei. Imperioso que o Direito surja como pacificador social, sua essência maior, para aclarar aos que ficaram, os deslindes das situações jurídicas que permanecem vivas e pendentes de cuidados.

Como se pode imaginar, tendo o fato jurídico *morte* como sua premissa básica, o Direito das Sucessões é disciplina apaixonante desde o início, pois nos conforta com a noção da perenidade tão desejada, normatizando como se dará sequência à vida! A matéria é complexa, já que procura também responder aos que ficaram qual seria de fato o desejo daquele que não mais vive, elegendo os que darão sequência às relações jurídicas do falecido, os que dela se beneficiarão e até mesmo os que dela estarão excluídos.

A tarefa não é fácil para o operador deste ramo jurídico, considerando que a disciplina, além das dificuldades que lhe são próprias, lida paralelamente com as outras áreas do Direito, sendo que a formalização da sucessão apenas terá fim, com a solução completa de todas as suas pendências, não interessando de que natureza são.

O estudo do Direito Sucessório, portanto, é uma tarefa extremamente interessante sob o ponto de vista técnico. É no inventário – procedimento que busca a formalização da transferência dos direitos do falecido aos seus herdeiros -, que desemborcam questões afetas a todo o Direito Civil:

> Aliás, não só a propriedade, em sentido exato e estreito, se transmite: transmitem-se todos os direitos, pretensões, ações e exceções, de que era titular o falecido, se transmissíveis. (...) O que se transmite é o patrimônio, atendida a limitação no tocante ao passivo (art. 1587). Se o falecido havia, por exemplo, vendido algum bem, responde ao comprador o herdeiro, ou respondem os herdeiros. Se houve negócio jurídico bilateral e o acordo de transmissão, o terceiro, que o obtivera, tem direto à transcrição da escritura Pública, ou de outro instrumento suficiente, se do registro é que resulta a transmissão (MIRANDA, 1968, p 18).

Não é por acaso que as normas do Direito das Sucessões localizam-se no último livro do Código Civil. De fato, no curso do procedimento de inventário, será necessário resolver todas as questões (obrigações e direitos) relativas à pessoa que faleceu, o que demandará um conhecimento não só da disciplina específica, mas também um conhecimento geral de todo o Código Civil. É fácil compreender esta afirmação.

O falecido deixou herdeiros? Certamente precisaremos conhecer o Livro I, do Código Civil, que regulamenta quem serão os sujeitos de direito e da capacidade para seu exercício. O falecido possuía contratos pendentes? Imprescindível o conhecimento do Direito das Obrigações, da Teoria Contratual e ainda da Responsabilidade Civil. Dentre os bens deixados havia quotas de empresa? Ali também estarão as regras necessárias para delimitar o que ocorrerá com a pessoa jurídica empresarial. O falecido possuía bens? Vital o conhecimento do Direito das Coisas, para discussões que envolvam Posse e Propriedade! Quem serão os herdeiros? Como saber sem conhecer a fundo as regras de Direito de Família?

Como se vê, as causas que têm por objeto a sucessão *causa mortis* demandarão um conhecimento aprofundado das matérias que com ela se correlacionam. Todas essas interessantes questões desemborcam no Direito das Sucessões, que por si só já é matéria que desperta enorme interesse, sendo extremamente ricos seus institutos e regramentos. Quem não tem interesse em conhecer um testamento, em saber quem poderão ser seus próprios herdeiros ou que bens poderá transmitir ou herdar?

A complexidade das causas sucessórias não finda apenas na necessidade do conhecimento e aplicação do Direito Civil. A atuação num inventário, também pressupõe um conhecimento mínimo de normas de Direito do Trabalho, pois o falecido poderia possuir empregados, e o óbito encerra o contrato firmado entre as partes; de Direito Previdenciário, já que a morte também ensejará em muitos casos a transmissão ou concessão de pensões desta natureza; de Direito Tributário, pois o óbito é fato gerador de Tributos Estaduais (em Minas Gerais, chama-se Imposto de

Transmissão *Causa Mortis* e Doações) e, finalmente, não podemos deixar de lado também as normas procedimentais.

Outros grandes desafios aguardam os herdeiros nos dias de hoje, especialmente considerando que o Código Civil de 2002 deixou muito a desejar no Livro do Direito das Sucessões. Aponta a doutrina uma série de lacunas na lei, sendo que equívocos e excessos são as marcas dos dispositivos a serem estudados. A deficiência da norma provoca verdadeiro tumulto na jurisprudência, sendo que os Tribunais Estaduais não trazem nenhuma conclusão firme a respeito da extensão de boa parte destas regras, e, mesmo depois de passados mais de 15 (quinze) anos de vigência da Lei Civil, existem ainda grandes incongruências também nos Tribunais Superiores.

É rico e desafiador, portanto, o estudo objetivo do Direito das Sucessões. A interdisciplinaridade, palavra que vem sendo bastante comentada no meio acadêmico nos últimos tempos, se mostra intrínseca ao procedimento sucessório. É neste pano de fundo intenso que os herdeiros devem ser os atores principais, buscando seus direitos de acordo com a lei e com a vontade do falecido, exercendo seu papel numa peça que busca a realização da continuidade e da felicidade.

Muitas vezes, contudo, a saga se transforma em drama. O fato é que, para além da objetividade do Direito, encontra-se a subjetividade do ser humano. Mesmo que a interdisciplinaridade seja uma marca nas questões que envolvem o óbito, nem mesmo a aliança do Direito Sucessório com os demais ramos jurídicos é capaz de trazer a pacificação necessária aos sucessores.

O conhecimento técnico é imprescindível à solução dos problemas gerados pelo óbito de alguém, mas não há como se desconhecer que os sujeitos envolvidos no processo sucessório, na maioria das vezes, acabaram de passar por uma situação extremamente traumática com a perda de um ente querido. Ainda mais, cada um deles tem uma história particular de vivências relacionadas ao falecido e demais parentes, que pode dificultar uma análise sóbria das questões que o envolviam.

Há que se ter habilidade para lidar com o sentimento da perda, e, no momento de dor, conseguir extrair dos envolvidos as informações necessárias para aplicação de toda a técnica apreendida.

Os processos de inventário reconhecidamente são os mais demorados. Ao contrário do que muitos pensam, essa demora não tem nenhuma relação com o procedimento previsto na lei, devendo sim ser creditada na necessidade de resolução de todas as questões jurídicas que envolvem o *de cujus,* e, também, boa parte das vezes, à postura dos herdeiros. Nem sempre estes conseguem deixar de lado mágoas familiares, ressentimentos históricos e sentimentos ruins existentes entre os envolvidos ou até mesmo "herdados" do falecido.

Atualmente, portanto, é imprescindível que o Direito das Sucessões esteja atento às inovações sociais e jurídicas, buscando instrumentos que possam viabilizar a resolução das questões postas aos herdeiros, já que este é o fim último do Direito Sucessório. Contudo, o que se vê na cultura do sistema jurídico brasileiro ainda é o exercício de métodos forjados para fomentar a contenciosidade, impulsionando as partes para a busca de processos judiciais e apresentação de recursos diversos, transferindo-se ao Estado a solução dos conflitos surgidos, sem a participação dos sujeitos envolvidos no processo na resolução do problema.

Chamamos a atenção para o fato de que o apego exacerbado à técnica, esquecendo-se dos atores do processo é falha grave, que deve ser evitada!

Diante da complexidade dos conflitos sucessórios, necessário, portanto, repensar a forma de solucioná-los, preferencialmente buscando-se a participação dos envolvidos para que se consiga verdadeiramente a pacificação social.

Dierle Nunes *et al. apud* ZANETI JR. (2016), processualista membro da comissão incumbida de reformar o Código de Processo Civil, destaca a importância da mudança de paradigmas:

> Em assim sendo, paralelamente à visão técnica do funcionamento da justiça oficial (fortemente inspirada em métodos forjados para enfrentar a contenciosidade), ganha terreno, no fim do século XX e início do século atual, a preocupação dos cientistas do direito processual com a implantação da chamada justiça coexistencial.
>
> O pano de fundo deste fenômeno pode ser consultado em outra sede.
>
> Nos termos postos, vislumbra-se que para além de se pensar na jurisdição como última via para se dimensionar um conflito, hoje é possível se pensar que as chamadas técnicas alternativas, podem ser utilizadas como **vias plúrimas e adequadas** para a solução mais apropriada, quando bem estruturadas e levadas a cabo de modo profissional, independentemente do nível de complexidade do conflito que se apresente.
>
> No que tange às demandas familiares, a abertura de meios que congreguem a atuação técnica jurídica com outros saberes (v.g. psicologia, serviço social) se torna imperativa

> para atuar nos níveis de complexidade ínsitos das relações interpessoais afetivas da atual quadra histórica (ZANETI JR., 2016).

Os conflitos que envolvem o Direito Sucessório, conforme já é possível concluir após a exposição acima, são complexos por si só, sendo desafiadoras as questões que surgem neste âmbito.

A dificuldade, contudo, muito antes de servir de desânimo, deve representar enorme incentivo aos estudiosos do Direito, já que estes são profissionais que têm a busca pela Justiça como seu cerne, sua alma!

Clóvis Beviláqua (1938), que deu "nome" ao Código Civil de 1916, já doutrinava:

> Porém é que o estudo do direito não é uma simples volúpia da mente; é antes a religião austera e grave do justo, cujos bonzos somos nós outros os juristas. E, para divulgar as verdades deste evangelho, cujas folhas de aço, brunido a humanidade caldeou na forja das lutas sociais, é preciso ter um pensamento claro e forte e uma palavra límpida e sóbria. Não são triviais esses predicados; e devo pensar que os não suprirei somente com a boa vontade (BEVILÁQUA, 1938).

Firmes, portanto, no propósito de conhecer o Direito Sucessório, bem como de destacar a necessidade da constante busca de instrumentos para solucionar as questões dele decorrentes, traçaremos as noções básicas de alguns institutos que lhe são próprios para, antevendo também as dificuldades que possam surgir, apontar instrumentos hábeis à sua superação e, porque não, direcionar a novas ferramentas para utilização nos casos onde o Direito se mostra insuficiente.

2
O DIREITO À HERANÇA

O vocábulo "suceder" origina-se do latim *sub cedere* que significa tomar o lugar de alguém ou, ceder o lugar a alguém (VENOSA, 2011, p.1). Em termos de Direito, raciocinamos o fato de alguém tomar o lugar de outra pessoa em determinada relação jurídica. Acontecerá sempre que alguém deixar a titularidade de um direito, passando-a a outro.

Pontes de Miranda (1968, p.5) já alertava que quando se fala em Direito das Sucessões, geralmente emprega-se o termo no sentido limitativo, considerando-o como mera transmissão de bens após o óbito. Contudo, em terminologia jurídica, o alcance é bem maior que as simples consequências patrimoniais do óbito de alguém.

No Direito Civil, exemplos não faltam de formas de sucessão. Acontece quando se celebra uma compra e venda, em que o titular da propriedade cede sua posição a outra pessoa mediante o pagamento de um preço previamente acertado. Na locação, acontece a sucessão na titularidade do direito da posse direta sobre o bem locado. Nesses exemplos, teremos a chamada sucessão *inter vivos,* provocada pela manifestação de vontade de duas pessoas no pleno exercício de sua personalidade jurídica.

Por outro lado, no Direito Sucessório preocupa-se com todas as sucessões em direitos que foram provocadas não pela manifestação de vontade, mas pelo óbito do titular. Trata-se da chamada sucessão *causa mortis* ou *mortis causa.* Existe alguma divergência a respeito do acerto da primeira ou da segunda expressão latina, entretanto, para nós, basta o consenso de tratarmos de toda relação jurídica que tem a titularidade do direito modificada diante do óbito daquele que a exerce.

Em que pese seja a noção de herança arraigada à nossa cultura, se analisarmos diferentes épocas, culturas e sistemas, perceberemos que o instituto não é unanimidade, sendo até mesmo rejeitado em alguns lugares. Historicamente, a própria noção de transmissão de propriedade sofreu evolução.

Primitivamente, quando ainda engatinhávamos na formação dos grupos sociais, estes extremamente exíguos e embrionários, prevalecia a ideia de condomínio sobre os bens. Todo o grupo era dono do local onde vivia e de tudo que ali existia, assim, como o grupo não morria, mas apenas seus indivíduos, não havia lugar para sucessão (MAXIMILIANO, 1952, p. 25).

No Direito Romano, base do nosso Direito Civil, a ideia de herança era bem diferente da que temos hoje, até porque o vínculo entre religião e Direito era muito próximo (COULANGES, 1987), e a noção de propriedade, especialmente imóvel, também estava presa à essa religiosidade. O reconhecido historiador Foustel de Coulanges (1830-1889) afirmava que:

> O confronto entre crenças e leis mostra-nos como esta religião primitiva constitui as famílias grega e romana, estabeleceu o casamento e a autoridade paterna, fixou os seus graus de parentesco, consagrou o direito de propriedade e o direito sucessório (COULANGES,1987, p. 20).

Nessa época, os romanos acreditavam numa religião doméstica, na qual seus deuses eram os próprios antepassados e membros da família já falecidos, cuja existência se perpetuava, ainda que sob o solo. Por estarem eles enterrados na propriedade da família, num primeiro momento, era inadmissível a transmissão desta a terceiros, por ser ali o local de morada dos deuses.

As relações deste povo com os falecidos ultrapassavam nossa visão jurídica de simples sucessão num direito de "ser dono" de algo. O falecimento era visto como um fato natural que provocava o fim da existência física, mas, que também criava obrigações entre os indivíduos vivos e mortos, sendo que o interlocutor entre ambos era o chamado *pater familias.*

Dentro do ambiente familiar, o *pater familias* era aquele que exercia a função de administrador, juiz e sacerdote, ficando também a seu cargo a condução das cerimônias religiosas e trato com os deuses domésticos, já que a existência destes não se findava.

Os membros da família, com o óbito, permaneciam próximos e podiam cuidar dos que ficaram e orientá-los, mas, curiosamente, deles também permaneciam dependentes para saciar suas necessidades terrenas (fome, sede etc), o que era feito por meio de cultos religiosos coordenados pelo *pater.* Ainda segundo Foustel de Coulanges:[1]

> Ovídio e Virgílio dão-nos descrição desta cerimônia, cujo uso permanecera intacto até à sua época, posto que as crenças já então tivessem se alterado. Descrevem-nos o costume de se cercar o túmulo de grandes grinaldas de plantas e de flores e de sobre o mesmo se colocarem pastéis, frutas, sal e ainda ali se verterem o leite, o vinho e algumas vezes o sangue de uma vítima.
>
> Enganar-nos-íamos muito se acreditássemos ver nesta refeição fúnebre apenas uma espécie de comemoração. O alimento que a família lhe leva destina-se efetivamente ao morto, e exclusivamente a este. A prova do que aqui afirmamos temo-la no fato de o leite e o vinho serem derramados sobre a terra do túmulo; ainda no de se abrir um buraco para fazer chegar os alimentos sólidos até o morto; e mais no de que, quando se lhe imolava alguma vítima, todas as suas carnes eram queimadas para que nenhum vivo delas pudesse compartilhar; no fato de se pronunciarem certas fórmulas consagradas e destinadas a convidar o morto a comer e a beber; também porque, embora toda a família assistisse a essa refeição, nem sequer mexia naquelas iguarias; finalmente, porque, ao retirarem-se, tomavam grande cuidado em deixar um pouco de leite e alguns pastéis nos vasos, considerando-se grande impiedade quando algum ser vivo tocasse nesta pequena provisão apenas destinada às necessidades do morto.

Não é difícil relacionar estas cerimônias com o hábito de, na cultura popular, antes de se beber um aperitivo, derramar-se um pouco do conteúdo do copo no solo e celebrar um "brinde para o santo".

Diante do que se viu acima, percebemos que o "herdar", para o romano, adquiria um significado muito diferente do

---

[1] Ibidem., p. 21.

nosso, sendo que o direito do herdeiro de entrar nas relações patrimoniais do defunto era mera consequência da transmissão das funções do *pater*, especialmente as de caráter religioso (DE RUGGIERO, 1937, p. 430).

Carlos Maximiliano (1952) afirmava que:

> Havia, outrora, conexidade estreita entre a sucessão nos bens de um indivíduo e a prática de sacrifícios rituais em honra do defunto: os mortos eram os deuses (Manes, Lares, em Roma); a sua presença invocavam por meio de banquetes. Além da obrigação de tais sacrifícios aos seus maiores falecidos, havia a de manter o fogo sagrado: ter sempre, num misto de lareira e altar, em casa, um pouco de cinza e carvões acesos (homenagem aos Penates, em Roma). Incumbia àquele que recebia o acervo hereditário, o dever de sacrifícios, que eram dispendiosíssimos, sobretudo em Roma e na China (MAXIMILIANO, 1952, p.26).

Dessa mesma religiosidade doméstica, surgem uma série de institutos que usamos atualmente, a exemplo da adoção no Direito de Família e do próprio testamento no Direito Sucessório. Hoje, ambos os atos são vistos como demonstração de preocupação com o próximo, de caridade, mas para o romano não deixava de ser uma preocupação consigo mesmo. Se um *pater famílias* não tinha filhos que pudessem vir a sucedê-lo nas funções sacerdotais, certamente passaria privações após seu óbito, já que não haveria alguém para lhe prestar os cultos acima mencionados. A adoção e o testamento, assim, surgiram como uma solução para esta situação e por meio deles o *pater famílias* obtinha o herdeiro necessitado.

Somente quando a religiosidade doméstica perde força é que a noção de propriedade assume o caráter de acúmulo de riquezas que tem hoje, e que a transmissão da herança deixa de ser a passagem no cargo de *pater* e passa a ser a sucessão na titularidade de um direito sobre um bem.

Outras observações interessantes são dignas de nota no que diz respeito à origem do nosso Direito Sucessório, já que encontram reflexos ainda nos dias de hoje, o que, muitas vezes, acaba por causar confusão entre herdeiros e demais envolvidos no procedimento de inventário.

Uma diferença importante entre o sistema romano e o que temos atualmente é que a sucessão acontecia somente na linha masculina, já que a mulher não era vista como sujeito de direitos e não podia assumir os cultos domésticos. Daí que:

> Em certa época, na Índia, em Atenas e na Europa Ocidental, quem não tinha filho varão, designava uma filha casada para lhe dar sucessor, e o menino era considerado filho do avô, e não do pai, que, em geral, se desgostava, por precisar também do rapaz e pelos mesmos motivos – para o culto e herança.[2]

Não se acumulavam a sucessão legal e a testamentária na visão romana. O falecimento do *pater famílias* gerava a necessidade de sua substituição para evitar prejuízos aos cultos domésticos. Como era ele quem detinha dentre suas funções a de administrador dos bens, a sucessão, portanto, se limitava apenas a este encargo. O herdeiro único assumia todas as funções do *pater,* e, por via de consequência, a titularidade dos bens, sendo que os demais parentes seguiriam dependendo deste. Era o primogênito quem normalmente assumiria as funções de *pater famílias* no caso do óbito do titular, exceto nos casos

---

2 Ibidem., p.27.

onde este tivesse feito opção pelo testamento, escolhendo alguém diferente para substituí-lo.

Interessante ponto que ainda hoje provoca dúvidas, dada a origem histórica, diz respeito à relação do falecido com seus credores. Para os romanos, caso o morto não deixasse bens suficientes para pagar as dívidas existentes, estas eram transmitidas aos herdeiros que, caso também não pudessem pagá-las, submetiam-se à escravidão. Vê-se na lição de Clóvis Beviláqua:

> Forma curiosa dessa mesma concepção é a responsabilidade pelas dívidas de alguém assumidas com o enterramento de seu cadáver. A responsabilidade já se apresenta sob a forma individual, e, aderindo à pessoa do devedor, acha-se presa ao que dela ainda subsiste, seus míseros despojos inanimados, o seu corpo. Mas não tem o direito de retirar-se da superfície do solo esse corpo, antes de satisfazer a seus credores, e quem o enterrar tomará sobre si o encargo de suas dívidas (BEVILÁQUA, 1938, p. 26).

Esta era a chamada sucessão *ultra vies hereditare*, ou seja, além das vias da herança. Isto quer dizer que se alguém, que possuísse 10.000 em bens viesse a falecer, deixando dívidas de 40.000, o saldo negativo de 30.000 era transmitido aos herdeiros, que ficavam responsáveis pelo pagamento das dívidas. Consequência ainda pior aos que não tivessem como pagar estes débitos, pois, à época, vigorava a sujeição pessoal além da patrimonial, ou seja, o devedor tornava-se escravo do credor até ter como saldar suas obrigações.

Mesmo nos dias de hoje, não é difícil ouvir o comentário segundo o qual alguém morreu "e deixou apenas dívidas aos herdeiros". Contudo, a máxima não é válida perante as leis atuais.

Atualmente, portanto, se alguém que possui 10.000 em bens vier a falecer, deixando dívidas de 40.000, o saldo negativo de 30.000 **não** será transmitido aos herdeiros. O credor terá direito aos bens deixados, mas ficará no prejuízo quanto ao saldo negativo. Esta é a previsão constante no art. 1792, do atual Código Civil:

> Art. 1792. O herdeiro não responde por encargos superiores às forças da herança; incumbe-lhe, porém, a prova do excesso, salvo se houver inventário que a escuse, demonstrando o valor dos bens herdados.

Observaremos que em muitos momentos, nossa legislação nos aproxima das previsões do Direito Romano, o que é extremamente curioso, pois trata-se da sobrevivência de institutos criados há mais de dois mil anos.

Mesmo que o direito à herança tenha origem há milênios, algumas culturas ou ideologias, em épocas mais modernas, não admitem a transmissão da herança, por entender que a transmissão de bens para depois do óbito não é algo desejável ou útil à sociedade.

Montesquieu (1689/1755), político, filósofo e escritor iluminista, entendia que a lei ordenava aos pais que alimentassem os seus filhos, mas não os obrigava a fazê-los herdeiros. Augusto Comte (1798/1857), também filósofo francês, comungava deste posicionamento, destacando que o dever dos pais se limitava à educação e ao auxílio para que começassem a trabalhar.[3]

---

[3] Ibidem., p. 12-13.

Por outro lado, a maioria das culturas entende que o direito à herança se mostra necessário, sendo visto como fundamental no sistema capitalista para promover a circulação de riquezas.

De fato, a certeza de que o fruto do trabalho poderá representar além de acúmulo de bens, um conforto para a família em caso de óbito, é que estimula a pessoa a se esforçar cada vez mais. Por que trabalhar além do necessário para as despesas diárias, se, caso eu venha a falecer meus bens retornarão ao Estado?

> É indubitável que não é somente por egoísmo que o indivíduo se afadiga na conquista dos bens, aumentando a riqueza social, maior estímulo é por certo o cuidado com a prole e o cônjuge; e ainda mais que o grupo social de onde fosse banido o direito sucessório veria faltar-lhe a base econômica da existência, porque, se voltarmos ao comunismo primitivo restabeleceremos as mesmas dolorosas contingências de que conseguiu emergir a humanidade após lutas aspérrimas.[4]

Carlos Maximiliano (1952) chega a afirmar que:

> Suprimir o Direito das Sucessões seria obra de crueldade e também de ingenuidade. Se apenas acabassem com a herança legítima, como preferem os anglo-saxões, inspirados por STUART-MILL; todos fariam testamento. Vedado isto, recorreriam à doação entre vivos. Embaraçado este recurso, viria o que os ingleses chamam *sinking investiment*, e os franceses *placement à fonds perdu*, isto é, o sistema de colocação de dinheiro em que o capital é abandonado e o juro elevado proporcionalmente. Enfim a lei seria iludida e o Estado prejudicado, duplamente: pelo desfalque na renda e pela diminuição na riqueza geral, consequência da falta de estímulo para laborar muito, aperfeiçoar o trabalho e economizar (MAXIMILIANO, 1952, p. 33).

---

[4] Ibidem., p. 12.

Portanto, ainda que historicamente se verifiquem linhas de pensamento que repudiam a ideia de transmissão de bens pelo óbito, não se pode deixar de ver que há muito o raciocínio é justificado.

Clóvis Beviláqua (1938), no início do século passado, resumia o assunto nestes termos:

> A verdade é que a sucessão legítima se apoia no concurso de três elementos diferentes que se harmonizam para a obtenção do mesmo fim: o individual, o familial e o social.
>
> O elemento individual é, psicologicamente, esse sentimento de afeição, fortemente radicado na família e, particularmente entre progenitores e progênie; juridicamente, é o princípio da autonomia, que deve ser atribuído a cada homem dentro das normas da lei; é o mesmo direito de propriedade que autoriza a disposição dos bens segundo a vontade do proprietário. Da cominação destas duas orientações, resulta a canalização da vontade na direção do afeto, a submissão da autonomia aos interesses da família.
>
> O elemento familiar procede do fato de ter sido no grêmio da família que o homem trabalhou; de ter sido nas afeições da família que ele hauriu estímulos para afadigar-se na conquista de sua fortuna, sem que o desalento o tolhesse, ainda mesmo naqueles momentos em que o corpo vergava quebrado pelo cansaço; de ter sido na família que lhe facilitaram a aquisição dos bens.
>
> O marido adquire pelo trabalho; a mulher conserva pela economia sensata; e os filhos, sabendo que em secundar o labor de seus progenitores, ao mesmo tempo cumprem um dever de gratidão e se esforçam em proveito próprio, constituem-se auxiliares prestimosos para a criação e consolidação do patrimônio da família.
>
> Acrescente-se o sedimento deixado na alma humana, por um longo passado de comunhão no grêmio da família primitiva, sedimento que traduz por uma predisposição favorável

> à distribuição do patrimônio entre os próximos parentes, e ter-se-á reconhecido o poder deste elemento familial.
>
> O elemento social é a expressão do fato de que, da organização social, o indivíduo recebe a garantia de seus interesses; e de que no meio social, desenvolve as múltiplas formas de sua atividade em consonância com o modo de ser do grupo político, a que pertence, e com o qual se sente solidário em muitas relações da vida.
>
> Traduzindo o acordo destes três elementos, o direito sucessório é garantido, nas legislações dos povos cultos, à família e ao Estado, sem ser desconhecida a parte de autonomia indispensável ao homem, para que sejam uma força apreciável na mecânica social. E, assim organizada, a sucessão legítima é um fomento dos sentimentos de pundonor e dignidade, pelo cumprimento de nobre dever, qual é o de trabalhar pelo bem estar da família; é um fator da consolidação da sociedade doméstica, pelo sentimento de solidariedade que envolve entre os seus membros; é propulsor econômico além disso, e escola de moral prática (BEVILÁQUA, 1938, p.66-67).

Por tudo isso é que, em nosso País, o direito de herdar é assegurado na Constituição da República em cláusula pétrea, ou seja, representa norma basilar do ordenamento e garantia do cidadão, indispensável ao sistema capitalista em que vivemos:

> Art. 5º Todos são iguais perante a lei, sem distinção de qualquer natureza, garantindo-se aos brasileiros e aos estrangeiros residentes no País a inviolabilidade do direito à vida, à liberdade, à igualdade, à segurança e à propriedade, nos termos seguintes:
>
> (...)
>
> XXX – é garantido o direito de herança;

Cumpre aos legisladores, portanto, regularem a sucessão do modo mais coerente com os interesses da sociedade, da família e dos indivíduos.

3

OBJETO DA SUCESSÃO – A BUSCA DO PODER JUDICIÁRIO PARA DELIMITAÇÃO DO CONTEÚDO DA HERANÇA

A evolução social e tecnológica dos últimos tempos traz dúvidas até mesmo para definição do que poderá ser objeto de herança, considerando a discussão sobre patrimônios e direitos que, até bem pouco tempo sequer existiam.

O que pode ser transmitido? Apenas os bens móveis e imóveis do falecido devem ser levados a inventário? Na verdade, não é bem assim, não sendo nova a opção por parte dos herdeiros de levar ao Estado a decisão desta definição, ou, em alguns casos, os próprios sucessores acabam acionados pela omissão em resolver questões jurídicas pertinentes ao falecido.

O que de fato ocorre é que com o óbito do falecido, transmitir-se-ão tudo aquilo que se lhe pertencia: seus bens, seus direitos e também suas obrigações, estas últimas, dentro dos limites do patrimônio.

É comum ouvir pessoas demonstrarem imensa surpresa e afirmarem que "fulano era extremamente rico, mas ao morrer não deixou nada a seus descendentes". Tal afirmação tem origem no desconhecimento da legislação ou, mais provavelmente, da extensão das obrigações do falecido. Ao ocorrer o passamento, o herdeiro vai assumir a titularidade da totalidade dos direitos do morto, mas também, das suas obrigações. Assim, o que provavelmente ocorreu no caso do exemplo dado é que as dívidas atingiam um montante superior ao patrimônio, esgotando o objeto da transmissão.

Uma das premissas do Direito Sucessório é que os bens do falecido servem, em primeiro lugar, para saldar as obrigações por ele criadas; apenas o saldo positivo remanescente é distribuído entre seus herdeiros.

A herança a ser distribuída será abrangida por toda propriedade e posse (legítima ou ilegítima) pertencentes ao falecido, seus créditos e débitos, os direitos de autoria e de propriedade intelectual, enfim, pela totalidade das relações jurídicas do *de cujus*.

No Código Civil de 2002, existe previsão de que qualquer pessoa pode dispor por testamento de seus bens, inclusive especificando de forma individualizada como se dará a transmissão, o que chamamos no Direito das Sucessões de atribuição de legado. Nos arts. 1912 e seguintes da referida lei, temos relacionados legados das mais diferentes ordens: legado de dinheiro, de crédito, de quitação de dívidas, de alimentos, de usufruto de bens pertencentes ao testador, dentre outros.

Contudo, alguns direitos não são transmissíveis. Não se transmitem pelo Direito Sucessório os direitos públicos, nem os de família (MAXIMILIANO,1952, p.20-21). Não são objeto de herança o usufruto do qual o falecido era titular, cargos e ofícios públicos, nem direitos aos respectivos proventos, os direitos de usufruto legal do pai e da mãe em decorrência do poder familiar, a tutela, a curatela e outros similares.

Alguns direitos, por sua própria natureza, também não são transmissíveis, como, por exemplo, a condição de sócio numa sociedade limitada, já que esta é classificada como uma sociedade de pessoas, o que confere ao sócio o caráter *intuito personae*. A questão não é nova no Poder Judiciário, já tendo decidido o Superior Tribunal de Justiça – STJ:

> Direito empresarial e processual civil. Inventário. Cessão de quotas causa mortis. Estado de sócio. Administração da sociedade empresária.
>
> – A transmissão da herança não implica a transmissão do estado de sócio.
>
> – A solução de controvérsias a respeito dos efeitos da cessão mortis causa de quotas na administração da sociedade empresária é matéria estranha ao Juízo do inventário.
>
> Recurso especial conhecido e provido.
>
> (REsp 537.611/MA, Rel. Ministra NANCY ANDRIGHI, TERCEIRA TURMA, julgado em 05/08/2004, DJ 23/08/2004, p. 230)

Discute-se atualmente, se são passíveis de transmissão a propriedade imaterial tecnológica do falecido, como, por exemplo, o perfil e acervo constante em redes de relacionamento como *facebook* e outros similares. O Procurador de Justiça Nelson Rosenvald (2018) discorre sobre o assunto, destacando que diante da falta de regulamentação, a disposição a respeito em vida é aconselhável:

> Estamos agora na nova fronteira do direito sucessório, um campo minado do "*far west*" na qual famílias e provedores de serviços disputam os legados da vida digital. Para além de valores monetários como investimentos bancários, biblioteca no *iTunes*, códigos de acesso as mais variadas redes de "*social networking*", nomes de domínio, milhas aéreas, pontos de recompensa, contas de "*PayPal*" e "*Bitcoin*", há também a nossa "memória sentimental" nas redes sociais. Trata-se de um precioso ativo intangível que pode ser delegado às pessoas estimadas, mediante um planejamento sucessório composto de instruções claras, além de meios e senhas que viabilizem os seus anseios.
>
> (...)
>
> A par dessas objeções, é inequívoco que a possibilidade de realização de um legado digital valoriza a autonomia existencial. A liberdade concedida à pessoa de escolher o seu estilo de vida e morte é sempre bem-vinda. As pessoas deveriam deixar claras instruções sobre o que acontecerá com a sua mídia social após a sua morte. Porém, ao contrário dos Estados Unidos, a tradição brasileira é de desprezo ao uso da autodeterminação para as disposições de última vontade. A ojeriza ao testamento nos direciona a sucessão legal, sempre mais atabalhoada, principalmente diante de uma morte inesperada. Receio que essa mesma cultura dificulte a compreensão de que uma página do *Facebook* é parte de nossas heranças (mesmo que para alguns seja um passivo) (ROSENVALD, 2018).

A princípio, não vemos problemas em considerar tal objeto de transmissão, ainda que pareça estranho a alguns diante da inexistência de vantagem patrimonial na maior parte dos casos.

Em outras situações, contudo, o valor das informações deste patrimônio imaterial será incalculável, como nos casos de pessoas famosas, artistas e outras que despertem interesse de estudo, cujo acesso poderá ser pretendido pelos parentes do falecido para fins de negociação, ou mesmo apenas para resguardar sua memória e intimidade.

Como visto, a herança pode ser composta por um grande número de direitos e obrigações, que serão transmitidos aos herdeiros que estiverem habilitados para tanto.

Vale lembrar que o atual Código Civil inovou ao suprimir o conceito de testamento vigente na Lei de 1916, previsto no art. 1626, que considerava este documento como todo ato de última vontade pelo qual alguém distribuía seus bens para depois da sua morte. *Ipsis litteris:*

> Art. 1626. Considera-se testamento o ato revogável pelo qual alguém, de conformidade com a lei, dispõe, no todo ou em parte, do seu patrimônio, para depois da sua morte.

No diploma de 2002, o art. 1857 prevê que o documento pode ser reconhecido como testamento, ainda que se limite apenas a disposições não patrimoniais. Veja-se a previsão:

> Art. 1857. Toda pessoa capaz pode dispor, por testamento, da totalidade dos seus bens, ou de parte deles, para depois de sua morte.
>
> § 1º A legítima dos herdeiros necessários não poderá ser incluída no testamento.
>
> § 2º São válidas as disposições testamentárias de caráter não patrimonial, ainda que o testador somente a elas se tenha limitado.

Como visto acima, a atualidade tem nos trazido possibilidades antes inimagináveis, sendo que, muitas vezes, os herdeiros necessitaram estar ainda mais atentos, já que a própria realidade virtual que envolve o falecido poderá também se tornar objeto de disputa em algum momento.

4

MOMENTO DA TRANSMISSÃO E INDIVISIBILIDADE DOS BENS NA PENDÊNCIA DO INVENTÁRIO

Considerando que a herança se compõe de ativo e passivo que, como visto, transmite-se aos herdeiros a maioria das relações jurídicas criadas pelo *de cujus,* intuímos que a morte do sucedido traz a necessidade de providências e a possibilidade de conflitos.

Entender como funciona a sucessão, portanto, é fundamental para evitar problemas ou achar a melhor solução quando estes forem inevitáveis.

O procedimento sucessório passa por três fases distintas: abertura, delação e aceitação.

Orlando Gomes (1984, p. 13) afirmava que a abertura é o momento no qual nasce o direito. A delação, por sua vez, é o mesmo momento, encarado sob o aspecto da sucessibilidade, quando este direito se torna disponível a quem pode adquiri-lo.

Finalmente, a aceitação ou adição, será o momento da aquisição da titularidade dos bens.

Das três fases, a que menos representa repercussão no plano prático é a da delação, normalmente absorvida de imediato pela aceitação da herança, já que o Direito Sucessório prevê que a transmissão dos bens ocorre no exato momento do óbito. Como na maioria dos casos, existem herdeiros interessados, logo após o óbito eles já assumem sua condição de beneficiário, tornando a fase da delação rapidamente superada.

O estudo das fases da sucessão é importante, mas, surpreendentemente, muitas vezes é desconsiderado por alguns operadores, o que acaba por provocar equívocos graves na interpretação da norma, que se refletem na execução da atividade jurídica, acirrando os conflitos de forma desnecessária.

4.1 Abertura da Sucessão

A abertura da sucessão se dá com o próprio evento de sua morte, sendo este um dos mais importantes momentos (fato jurídico), já que é nele quando se identificam os herdeiros.

O Direito Brasileiro segue a regra do *droit de saisine,* expressão derivada do Direito Francês, mas com origem no Direito Germânico, segundo a qual a sucessão acontece no exato momento do óbito. Nos ensinamentos de Roberto de Ruggiero (1937, p. 443-444) se lê:

> O sistema da nossa lei é o resultado da junção de elementos e conceitos romanos com elementos germânicos, nem sempre harmonicamente fundidos. (...)
>
> O direito romano partia do conceito que a herança não se adquiria senão pela aceitação (*aditio* ou *pro herede gestio*).

> (...)
> Totalmente diversas são as regras e os conceitos germânicos. Segundo o direito germânico medieval e o direito consuetudinário francês, que naquele diretamente se inspira, não há outros herdeiros além dos de sangue, e isto pela ideia de que só Deus cria os herdeiros (*solus Deo facit heredem*); todos os outros são legatários. Somente aos herdeiros legítimos, isto é: aos de sangue, a herança se transmite *ipso jure*, sem necessidade de aceitação ou de autorização judicial. (...) A ideia base é a da *saisine*, um instituto próprio de origem germânica, porque reproduz mais ou menos diretamente a germânica Gewere. *Saisine* representa em geral uma relação possessória legalizada, à qual, porém não corresponde uma relação de fato com a coisa: é um direito a possuir, uma faculdade de entrar na sua posse, que pertence, pois a quem ainda não tem a disponibilidade física da coisa.

Pela *saisine*, a propriedade dos bens se transmite no exato momento do óbito, estando a regra estampada no Código Civil: "Art. 1784. Aberta a sucessão, a herança transmite-se, desde logo, aos herdeiros legítimos e testamentários".

A regra pode parecer conflitar-se com as demais previsões de transmissão de posse e propriedade previstas no mesmo diploma legal, entretanto, isto não ocorre. Permanece inalterada, a transmissibilidade de propriedade sobre os bens imóveis apenas por ocasião do registro da escritura pública, mas a *saisine* surge como uma ficção jurídica necessária, antecipando à ocasião da transmissão da propriedade, que poderá ser defendida juntamente com os direitos à posse mesmo antes da conclusão do inventário, sem afastar a necessidade de transmissão formal dos bens que ocorrerá por meio do procedimento de inventário.

Essa regra veio da Idade Média, representando uma revolução da classe burguesa contra os abusos da nobreza, que impingiam aos herdeiros pesadas taxas para se proceder à "devolução da herança", expressão que se consagrou até os dias atuais. Dizia-se "devolução da herança", porque os nobres, titulares dos direitos sobre as terras, apossavam-se dos bens pertencentes aos trabalhadores que moravam sob seu domínio quando estes morriam e, quando seus parentes vinham reivindicar tais bens, eram obrigados a pagar uma pesada taxa para se proceder à "devolução" do patrimônio.

Quando a burguesia começa a se revoltar contra este domínio e acaba por assumir o poder, cria-se então, a regra da *saisine*, para evitar a cobrança da taxa de devolução. Por esta teoria, os herdeiros do falecido entram nos direitos sobre o bem (posse e propriedade), no exato momento do óbito, ainda que dele não tenham conhecimento.

A regra, segundo Carlos Maximiliano (1952) foi implementada no Direito Pátrio pelo Alvará de 09/11/1754, corroborada pelo Assento de 16/02/1768:

> Todos os direitos que se incluem na sucessão *causa mortis*, ficam transferidos ao herdeiro no momento do transpasse do *de cujus*; imediatamente o domínio deste se torna o domínio daquele, a posse de um, posse do outro. Efetua-se a transmissão *ipso jure*, por efeito da lei, ainda mesmo que o sucessor ignore o fato e o seu direito do mesmo decorrente (MAXIMILIANO, 1952, p. 60).

Clóvis Bevilaqua (1932, p.7), em estudo do Código Civil de 1916, reforça a ideia:

> A sucessão hereditária abre-se com a morte do autor da herança. Desde esse momento, opera-se a transmissão da

> propriedade e da posse dos bens, substituindo-se os sujeitos das relações jurídicas; no instante, que precede a morte, o sujeito dessas relações jurídicas é o *de cujus*, no instante que se segue à morte, o sujeito é o herdeiro.

A regra é fundamental e auxilia na coesão do sistema de muitas maneiras.

De fato, imaginemos alguém que teve invadido um lote que possui, mas que estava desocupado. Esta pessoa poderá valer-se da ação de reintegração de posse para restaurar a legalidade, e, nesta ação, utilizará seu título de propriedade para fins de demonstrar seu direito de possuidor, ainda que indireto. Por outro lado, caso o terreno tenha sido invadido, e o proprietário venha a falecer com o espanto da notícia, não fosse a regra de transmissão imediata do domínio, teríamos uma situação complicada, pois os herdeiros do *de cujus* não constam no registro do imóvel como proprietário, o que lhes daria a posse indireta, e, também não exerciam a posse direta sobre o bem, afastando-lhes a legitimidade para a ação possessória.

Por outro lado, diante da regra da *saisine,* numa situação como esta, bastará que o herdeiro apresente ao Juízo o título de propriedade em nome do sucedido e o atestado de óbito deste, demonstrando, é claro, a sua qualidade de herdeiro, o que lhe conferirá legitimidade para agir. Essa é exatamente a análise feita por nossos tribunais:

> EMENTA: APELAÇÃO CÍVEL – AÇÃO DE REINTEGRAÇÃO DE POSSE – FALECIMENTO DO PROPRIETÁRIO DO IMÓVEL – TRANSMISSÃO DE POSSE AOS HERDEIROS – LEGITIMIDADE – PRELIMINAR REJEITADA – AUSENTES OS REQUISITOS PREVISTOS NO ARTIGO 927, DO CPC – CONTRATO DE COMODATO VERBAL – AUSÊNCIA DE

> NOTIFICAÇÃO - ESBULHO NÃO CARACTERIZADO - IMPROCEDÊNCIA DO PEDIDO - RECURSO PROVIDO. - **A abertura da sucessão dá-se com o óbito e qualquer herdeiro tem legitimidade para postular individualmente em juízo a defesa da posse de bens do espólio que estejam sofrendo algum tipo de ameaça, independentemente de abertura de inventário. - Conforme o princípio da "saisine" e nos termos do art. 1784 do Código Civil, com o falecimento do possuidor do imóvel, transmite-se a propriedade e a posse indireta aos seus herdeiros.** - O pedido de reintegração de posse não deve ser concedida, se não caracterizado o esbulho e, tratando-se de comodato verbal, torna-se imprescindível a notificação da requerida, com prazo estabelecido para a desocupação do imóvel, para só então ser caracterizada a posse injusta, caso não o desocupe. (TJMG, 11ª Câmara Cível, Rel. Des.(a) Shirley Fenzi Bertão, Apelação Cível nº 0024760-97.2013.8.13.0073 (1), j. 01/02/2017, p. 08/02/2017, (grifo nosso).

Destacamos que é importante não confundir a abertura da sucessão com a abertura do inventário. O inventário é o procedimento pelo qual se faz a apuração de quais são os bens e as dívidas do falecido, quem são os seus herdeiros, paga-se as dívidas e distribui-se o saldo remanescente. A abertura da sucessão, como visto, corresponde à morte do *de cujus*.

Diante dessas definições, percebemos que o Código Civil não teve atenção à melhor técnica quando previu: "Art. 1785. A sucessão abre-se no lugar do último domicílio do falecido".

A regra, como se percebe, é de cunho processual e pretende tratar a respeito da abertura do inventário, ou seja, regular a regra de competência territorial para fins de distribuição (abertura) do procedimento. Objetiva-se facilitar para os próprios herdeiros os trâmites do inventário, já que provavelmente é no seu domicílio onde se encontram firmadas a maior parte de seus negócios jurídicos, viabilizando de maneira mais tranquila a obtenção da documentação comprobatória do patrimônio e dívidas do falecido.

O Código de Processo Civil complementa esta previsão e consagra a competência relativa do foro do último domicílio do falecido, ao prever outras possibilidades aos herdeiros, como o foro da localização dos imóveis ou mesmo de outros bens:

> Art. 48. O foro de domicílio do autor da herança, no Brasil, é o competente para o inventário, a partilha, a arrecadação, o cumprimento de disposições de última vontade, a impugnação ou anulação de partilha extrajudicial e para todas as ações em que o espólio for réu,ainda que o óbito tenha ocorrido no estrangeiro.
>
> Parágrafo único. Se o autor da herança não possuía domicílio certo, é competente:
>
> I – o foro de situação dos bens imóveis;
>
> II – havendo bens imóveis em foros diferentes, qualquer destes;
>
> III – não havendo bens imóveis, o foro do local de qualquer dos bens do espólio.

No âmbito prático é possível verificar que desde o início do processo sucessório já é possível verificar a possibilidades de ocorrências de conflitos entre os herdeiros. Não faltam na jurisprudência exemplos de litígios instaurados, com complexas abordagens, até mesmo para definição sobre o local de realização do inventário:

> INVENTÁRIO – COMPETÊNCIA. 1. SE A PESSOA TIVER DIVERSAS RESIDÊNCIAS, ONDE ALTERNADAMENTE VIVA, OU VÁRIOS CENTROS DE OCUPAÇÃO HABITUAIS, CONSIDERAR-SE-Á DOMICILIADA EM QUALQUER DESTES OU DAQUELAS. O INVENTÁRIO, NO CASO DE VÁRIOS DOMICÍLIOS DO DE CUJOS,

> SERÁ DE COMPETÊNCIA DO FORO DE QUALQUER DESSES DOMICÍLIOS. 2. NÃO É ABSOLUTA A COMPETÊNCIA DEFINIDA NO ART. 96 DO CÓDIGO DE PROCESSO CIVIL, RELATIVAMENTE À ABERTURA DE INVENTÁRIO, AINDA QUE EXISTENTE INTERESSE DE MENOR, PODENDO A AÇÃO SER AJUIZADA EM FORO DIVERSO DO DOMICÍLIO DO INVENTARIADO. 3. AGRAVO DE INSTRUMENTO CONHECIDO E PROVIDO
>
> (TJ-DF - AG: 430593 DF, Relator: PAULO EVANDRO, Data de Julgamento: 24/11/1993, 2ª Turma Cível, Data de Publicação: DJU 13/04/1994 Pág. : 3.754)

A escolha sobre o foro de julgamento do inventário, pode-se dizer, poderá ser decidida de comum acordo entre os herdeiros, não cabendo ao Poder Judiciário ou a qualquer outro órgão interferir nesta decisão.

Entretanto, não estando os beneficiários imbuídos de espírito de colaboração, a aplicação da regra processual será necessária, em que pese seja extremamente lamentável que os próprios herdeiros não cheguem a uma conclusão, nem mesmo quanto ao local em que o inventário tramitará.

4.2 Indivisibilidade dos bens que compõem a herança

O procedimento de inventário tem por fim relacionar todos os bens do falecido, as dívidas e obrigações deixadas por ele; promover o pagamento de todos os débitos para, ao final, partilhar o saldo remanescente, caso positivo.

Nesta linha de raciocínio, somente após o término do inventário, que se dá com a homologação da partilha de bens, cada herdeiro tem a exata noção do que lhe coube em virtude do óbito.

Por outro lado, ciente o herdeiro de que a *saisine* lhe assegura direitos desde o momento do óbito, pode ser levado a se perguntar a partir de quando, então, poderá vender o que possui. Desde o óbito? Somente após o término do inventário? Existe incongruência entre as normas acima citadas?

O que acontece aqui não é qualquer conflito de normas, mas apenas um problema de ordem prática. Nos primeiros momentos após o óbito, não é possível saber com certeza quais seriam todas as obrigações e os direitos do falecido, e, por via de consequência, o que será do herdeiro.

O procedimento de inventário é que efetivamente trará a conhecimento dos beneficiários a existência da verdadeira situação patrimonial e obrigacional do *de cujus*, e, como vimos, é muito importante lembrar que os bens do falecido servem, em primeiro lugar, para quitar as obrigações por ele deixadas.

Para refrear os ânimos dos herdeiros, a lei estabelece uma regra de ligação entre as duas situações (momento da aquisição do patrimônio e sua correta identificação), prevendo que os beneficiários não terão a disponibilidade dos bens, considerando-os individualmente, até que se conclua a partilha. Prevê a Lei Civil:

> Art. 1791. A herança defere-se como um todo unitário, ainda que vários sejam os herdeiros.
>
> Parágrafo único. Até a partilha, o direito dos co-herdeiros, quanto à propriedade e posse da herança, será indivisível, e regular-se-á pelas normas relativas ao condomínio.

Como se vê, os herdeiros não podem vender seus bens individualmente até o término da partilha, até porque não sabem exatamente o que possuem.

O que acontece, portanto, é que no exato momento do óbito, todos os bens do falecido se transformarão num conjunto patrimonial unitário e indivisível - comumente denominado de herança – o que permite aos herdeiros defender seus direitos como um todo, mas, dada a indivisibilidade, permanece cada bem individualmente protegido e indisponível, resguardando a todos os envolvidos e também eventuais direitos de terceiros.

Roberto de Ruggiero (1937) leciona:

> Herança é, compreendida objetivamente, todo o patrimônio do defunto, considerado como unidade que abraça e compreende qualquer relação jurídica dessa pessoa, mas é independente dos vários elementos que a compõem; é a totalidade das relações patrimoniais, ligadas entre si por um vínculo que dá ao complexo um caráter unitário e que torna tal complexo independente do seu conteúdo efetivo; é, em suma, uma *universitas*, que engloba em si coisas e direitos, créditos e débitos, e que tal como pode ser um patrimônio ativo, se os elementos ativos superam os passivos (*lucrativa hereditas*), da mesma forma pode ser um patrimônio passivo no caso inverso (*damnosa herditas*) (DE RUGGIERO, 1937, p. 429).

A universalidade da sucessão contribui para adequada transmissão patrimonial, especialmente considerando que nos primeiros momentos após o óbito do titular dos bens, não é possível precisar qual é exatamente seu patrimônio, portanto, nada mais natural que tratá-los genericamente como herança.

Por isto é que se diz que na ausência de testamento, os bens são transmitidos a título universal. Desta universalidade é que decorre a expressão "quinhão" do herdeiro.

Mesmo quando nossa doutrina classifica a sucessão quanto a sua abrangência, dizendo-a como sendo a título singular, permanecerá a indivisibilidade e a indisponibilidade até a partilha. A sucessão a título singular ocorrerá quando existir um testamento contendo previsão de doações de bens individualizados, atribuindo-os a herdeiros específicos. São os chamados legados. A regra de indivisibilidade também se justifica aqui, pois o herdeiro tem expectativa de recebimento de determinado bem, mas, esta poderá se ver frustrada, seja pela sua inexistência no patrimônio na hora do óbito, seja pela sua destinação ao pagamento de débitos do falecido.

Esta lição é importante e de largo alcance prático, sendo que o seu desconhecimento, em várias ocasiões, acaba trazendo prejuízos aos mais apressados que, diante da aparente boa oportunidade de um negócio, celebram contratos envolvendo bens específicos de uma herança, antes da conclusão do inventário.

Não adiantam argumentos de defesa a tal negócio, nem mesmo sob a alegação de que todos os herdeiros estariam de acordo, pois as obrigações do falecido foram constituídas em vida, devendo ser quitadas com os bens porventura existentes, antes de se pensar em herança.

Aqueles que optam por adquirir bem específico de um inventário, sem a necessária autorização judicial (alvará), podem acabar sendo surpreendidos quando não conseguirem regulamentar sua propriedade através do registro, ou até mesmo, tendo seu negócio questionado judicialmente. O risco é grande, já que o procedimento do inventário poderá se desdobrar por meses ou anos, até que se consiga a devida regularização patrimonial.

Veja-se neste caso que tramitou no Tribunal de Justiça de Minas Gerais, situação que provavelmente trouxe grande prejuízo aos herdeiros e também a terceiros, diante da negociação de patrimônio pendente a indivisibilidade:

> EMENTA: DIREITO CIVIL E PROCESSUAL CIVIL - AGRAVO DE INSTRUMENTO - AÇÃO DE OBRIGAÇÃO DE FAZER - CONTRATO DE COMPRA E VENDA, CELEBRADO APENAS POR PARTE DOS HERDEIROS, SOBRE BEM DA HERANÇA SINGULARMENTE CONSIDERADO - IMPOSSIBILIDADE, SALVO AUTORIZAÇÃO JUDICIAL - IMÓVEL OBJETO DE PROCESSO DE INVENTÁRIO E PARTILHA, AINDA PENDENTE DE RESOLUÇÃO - CARÁTER UNO E INDIVISÍVEL DA MASSA PATRIMONIAL DO FALECIDO - EXPEDIÇÃO DE ALVARÁ PARA DESMEMBRAMENTO DO BEM E TRANSFERÊNCIA DE SUA PROPRIEDADE - INADIMISSIBILIDADE - RECURSO PROVIDO - DECISÃO AGRAVADA REFORMADA. – É sabido que, com o falecimento do autor da herança, abre-se automaticamente a sucessão, por força do princípio da saisine, transmitindo-se aos herdeiros a universalidade dos bens pertencentes ao de cujus, os quais, até a homologação judicial da partilha, constituem massa patrimonial una e indivisível. – Pendente a indivisibilidade da herança, mostra-se, por conseguinte, impossível seu fracionamento, pelo que é vedada, até a homologação da partilha, a disposição, por qualquer herdeiro, de qualquer dos bens singularmente considerado, salvo autorização judicial, após ouvidos os interessados. – Incabível a expedição de alvará para desmembramento e transferência de fração de imóvel objeto de inventário judicial, quando, apesar de alienado pelos herdeiros que, em tese, serão, no futuro, proprietários desse quinhão, não houve, ainda, homologação da partilha dos bens que compõem a herança, nem sequer autorização judicial para deles dispor. V.v: AGRAVO

> DE INSTRUMENTO. AÇÃO DE OBRIGAÇÃO DE FAZER C/C PERDAS E DANOS. EXPEDIÇÃO DE ALVARÁ. DESMEMBRAMENTO E REGULARIZAÇÃO DE IMÓVEL. INVENTÁRIO NÃO CONCLUÍDO. DECISÃO MANTIDA. - Presentes nos autos documentos que comprovam que a partilha de bens tem sido obstada nos autos de inventário por um dos herdeiros, deve ser mantida a decisão que deferiu a expedição de alvará autorizando o autor, adquirente de área que pertencia ao espólio réu, a assinar todos os documentos necessários ao desmembramento do imóvel e posterior registro da área comprada. (TJMG - Agravo de Instrumento-Cv 1.0558.15.002625-7/001, Relator(a): Des.(a) Luiz Artur Hilário , 9ª CÂMARA CÍVEL, julgamento em 20/06/2018, publicação da súmula em 10/07/2018, grifo nosso).

Existem situações, entretanto, que a venda de algum bem específico seja importante, mesmo antes da partilha. Para esses casos, o Código Civil ressalva a possibilidade de alienação, entretanto, exclusivamente sob autorização judicial, e, sem que isto promova a dissolução da universalidade patrimonial do restante:

> Art. 1793. Omissis;
>
> *§ 1º* - (...);
>
> *§ 2º É ineficaz a cessão, pelo* co-herdeiro, de seu direito hereditário sobre qualquer bem da herança considerado singularmente.
>
> *§ 3º Ineficaz é a disposição,* **sem prévia autorização do juiz** da sucessão, por qualquer herdeiro, de bem componente do acervo hereditário, pendente a indivisibilidade (grifo nosso).

A previsão traz solução para o problema de muitos herdeiros que estão em dificuldades econômicas e se deparam com uma herança generosa, mas que não possuem dinheiro para viabilizar a formalização da transmissão do acervo. A transmissão de bens aos herdeiros demanda uma série de despesas como custas judiciais, cartorárias, advocatícias, tributárias, dentre outras, o que traz aos herdeiros um impasse e, em vários casos, a paralização do inventário. Nesta hipótese, os herdeiros poderão solicitar ao Juízo a alienação de bens específicos, solucionando o problema.

O mesmo dispositivo é utilizado para fins de alienação de bens que sejam de fácil deterioração pertencentes ao acervo hereditário, como colheitas, estoques de bens perecíveis etc, ou de bens que percam valor com rapidez, como, por exemplo, artigos de informática e outros eletrônicos.

Lembramos que o adquirente deverá sempre se certificar que o herdeiro alienante está munido do alvará judicial que autorize a venda do bem, sob pena de ter complicações no negócio a ser firmado.

4.3 Disponibilidade dos direitos à sucessão aberta – cessão de direitos hereditários na pendência do inventário

Em que pese a universalidade de bens estar garantida pela indivisibilidade prevista no art. 1791, do Código Civil, isto não significa dizer que **os direitos do herdeiro sobre todos os seus bens,** considerados conjuntamente, sejam indisponíveis.

Realmente, o herdeiro não necessita aguardar o término do inventário para que possa negociar seus direitos à herança, apenas lhe sendo vedada a negociação de patrimônio individualizado. O negócio jurídico que envolve o quinhão pertencente ao beneficiário do monte mor é tipificado como cessão de direitos hereditários: "Art. 1793. O direito à sucessão aberta, bem como o quinhão de que disponha o co-herdeiro, pode ser objeto de cessão por escritura pública".

Orlando Gomes (1984, p. 273) afirma que a cessão dos direitos hereditários é negócio jurídico pelo qual um co-herdeiro, estando aberta a sucessão, dispõe do seu quinhão hereditário, transferindo-o a outro herdeiro ou a terceiro. O renomado autor destaca que a cessão tem como objeto o *nomen hereditarium,* o que leva a concluir que o negócio objetiva a transmissão da mesma universalidade de bens que detêm o herdeiro cedente.

O negócio a ser realizado demanda grande cuidado por parte dos envolvidos, para que atinja os fins esperados, sendo classificado como negócio aleatório, ou seja, que é passível de riscos. Isto é evidente, já que o que se transmite é uma universalidade de bens, apenas identificados com exatidão por ocasião da partilha.

Muitas vezes, o cessionário tem bom conhecimento do patrimônio do falecido, mas desconhece as dívidas deixadas, o que pode ser desastroso para o negócio. Veja-se o alerta do renomado autor (1984, p. 277):[5]

> Na compra e venda, responde o vendedor pela *evicção*. Obrigado fica a resguardar o comprador dos seus riscos, de sorte que deve restituir integralmente o preço e pagar determinadas indenizações, se alienou coisa alheia. Na *cessão de herança*, impossível seria impor ao cedente igual obrigação, porque não implica transferência do domínio de coisas

[5] Ibidem., p. 277.

> individuadas. Por ser alienação de uma *universalidade de direito*, garante o *cedente*, apenas, a própria *qualidade de herdeiro*. Responde, por conseguinte, somente quanto se positive que não a possui, visto que o objeto da *cessão* é um complexo ideal de bens '*latu sensu*'. Não poderia garantir, com efeito, que esse ou aquele bem pertence ao acervo hereditário. Desse modo, a *garantia* a que o cedente está adstrito resolve-se na obrigação de restituir o preço recebido e reembolsar despesas se a sua *qualidade sucessória* for excluída por sentença proferida na *ação de petição de herança*, que a reconheça no respectivo autor.

Certo é que com os cuidados necessários, é viável garantir uma cessão bastante vantajosa e um bom investimento ao cessionário, já que é máxima do Direito Civil que "o que não está proibido é permitido". Assim, nada impede que o cessionário exija como condição para o negócio a alocação de cláusula com garantia de valor mínimo do quinhão, cláusula de indenização por bens não existentes no acervo no momento da partilha (compra e venda de bem futuro) e outras que se fizerem necessárias.

Imprescindível ao negócio é a observância da forma estabelecida pela lei para realização do negócio: escritura pública. O legislador exigiu forma especial para fins de realização deste negócio jurídico, posto serem os direitos hereditários considerados como bens imóveis, para efeitos legais. Prevê o Código Civil:

> Art. 80. Consideram-se imóveis para os efeitos legais:
>
> I – os direitos reais sobre imóveis e as ações que os asseguram;
>
> II – o direito à sucessão aberta.

Por esta mesma razão, vale atenção ao regime de bens dos envolvidos, já que será necessária também a autorização dos cônjuges para sua validade jurídica, exceto no regime de separação de bens (GOMES, 1984, p.277). A obrigação decorre da regulamentação patrimonial da sociedade conjugal no Código Civil:

> Art. 1647. Ressalvado o disposto no art. 1648, nenhum dos cônjuges pode, sem autorização do outro, exceto no regime da separação absoluta:
>
> I – alienar ou gravar de ônus real os bens imóveis;
>
> II – pleitear, como autor ou réu, acerca desses bens ou direitos;
>
> III – prestar fiança ou aval;
>
> IV – fazer doação, não sendo remuneratória, de bens comuns, ou dos que possam integrar futura meação.

Sempre tendo em vista a universalidade de bens instituída no art. 1791, importante lembrar que se aplicam à herança as normas de condomínio, quando da existência de mais de um herdeiro. Assim, quando algum deles pretender ceder seu quinhão a alguém deverá, portanto, primeiramente oferecer seu quinhão a outro condômino primeiramente:

> Art. 1794. O co-herdeiro não poderá ceder a sua quota hereditária a pessoa estranha à sucessão, se outro co-herdeiro a quiser, tanto por tanto.
>
> Art. 1795. O co-herdeiro, a quem não se der conhecimento da cessão, poderá, depositado o preço, haver para si a quota cedida a estranho, se o requerer até cento e oitenta dias após a transmissão.
>
> Parágrafo único. Sendo vários os co-herdeiros a exercer a preferência, entre eles se distribuirá o quinhão cedido, na proporção das respectivas quotas hereditárias.

Obviamente, o co-herdeiro interessado só terá o direito de preferência caso ofereça as mesmas condições de negócio que o terceiro se dispôs a aceitar. Oferecendo condições menos vantajosas, está o cedente liberado para concretizar o negócio com pessoa estranha ao inventário.

Entre os condôminos co-herdeiros não há preferência, como explicitamente consta do artigo 1795, sendo que, caso mais de um tenha intenção de exercer a preferência, distribuirão entre si o quinhão do cedente proporcionalmente.

4.4 Pactos sucessórios – conflitos causados pela pressa na implementação da sucessão não verificada

Em sua raiz primeira, o Direito Sucessório busca promover a transferência de titularidade em bens e direitos, tendo por base a vontade presumida do falecido.

Poder-se-ia afirmar também que o sistema capitalista tem na transmissão da herança um de seus pilares, já que esta promove a circulação de riquezas, transferindo-as do falecido aos seus herdeiros.

Por outro lado, o Direito, especialmente nos dias atuais, tem buscado ter foco em regras com forte conteúdo moral, na intenção de se evitar que a figura humana seja esquecida, em detrimento do patrimônio que lhe pertence.

Nesta linha, o Código Civil estabelece no art. 426, que não pode ser objeto de contrato a herança de pessoa viva. A previsão é bastante adequada, em que pese nos pareça um tanto quanto equivocada sob o aspecto técnico, já que herança, por definição, é patrimônio do falecido.

O que a lei civil pretende assegurar é a nulidade de negócios celebrados por prováveis herdeiros, quando o sucessor ainda estiver vivo, situação que infelizmente não é rara.

Trata-se do chamado "pacto corvina", ou pacto dos corvos, conforme noticia a doutrina. Os corvos são aves necrófagas, assemelhadas aos urubus. Daí a expressão tratar alguns herdeiros com essa analogia, relacionando-os aos animais que buscam se alimentar daquele que está para morrer.

Adequada, portanto, a previsão constante no Código Civil, embasada no princípio da dignidade da pessoa humana.

4.5 Aceitação e renúncia da herança

A aceitação é a manifestação de vontade por parte do beneficiário, no sentido de concordar em receber a herança, somando ao seu, o patrimônio recebido. Daí porque o ato também é conhecido como "adição da herança". Segundo Clóvis Beviláqua (1938, p.34):

> Aceitação ou adição é o ato pelo qual o sucessível manifesta a sua vontade de receber a herança que lhe é devolvida. É uma confirmação da transmissão efetuada por força da lei, em alguns casos; em outros, é um ato significativo de que a pessoa chamada à sucessão assume a administração dos bens hereditários, para efetuar o pagamento dos credores e a partilha entre os co-herdeiros."

Esta é a fase que completa o procedimento sucessório. É quando se implementa em definitivo a regra da *saisine*, retroagindo a manifestação ao momento da abertura da sucessão, ou seja, com efeitos *ex tunc*. No *Código Civil está previsto:*

> Art. 1804. Aceita a herança, torna-se definitiva a sua transmissão ao herdeiro, desde a abertura da sucessão.
>
> Parágrafo único. A transmissão tem-se por não verificada quando o herdeiro renuncia à herança.

A aceitação da herança é ato unilateral que resulta da manifestação de vontade do herdeiro em incorporar ao seu o patrimônio deixado, gerando direitos e deveres apenas a ele. Não é necessário que outras pessoas ou outros herdeiros tenham conhecimento ou concordem com esta manifestação de vontade, sendo ato não-receptício e produzindo efeitos desde o momento em que se verifica sua emissão.

Classifica-se também como ato puro e simples, não se admitindo a colocação de cláusula restritivas, condicionais ou de qualquer outra natureza para sua validade, conforme claramente disposto no Código Civil: "Art. 1808. Não se pode aceitar ou renunciar a herança em parte, sob condição ou a termo".

Assim, o herdeiro, diante da apresentação de seu direito, tem duas opções: aceita ou renuncia.

Importante saber também que a aceitação é ato irrevogável, devendo o herdeiro estar atento nos casos em que não pretende recolher os bens, para evitar dúvidas ou problemas de ordem tributária, conforme disposto no Código Civil: "Art. 1812. São irrevogáveis os atos de aceitação ou de renúncia da herança".

De fato, o recebimento de herança é fato gerador de imposto, de caráter estadual, em Minas Gerais denominado Imposto de Transmissão Causa Mortis e Doações – ITCD, com alíquota atual de 5% (cinco por cento) sobre o valor recebido. Ao receber a herança, o herdeiro praticará ato definido como gerador do imposto. Caso posteriormente tencione renunciar aos bens, na verdade estará doando aos co-herdeiros o que já recebeu, e, por via de consequência praticando outro fato gerador do mesmo imposto (doação).

Nossa jurisprudência assim interpreta esta situação:

> AGRAVO DE INSTRUMENTO - DIREITO DAS SUCESSÕES - INVENTÁRIO - HERANÇA - RENÚNCIA POSTERIOR À ACEITAÇÃO TÁCITA - DUPLA MANIFESTAÇÃO DE VONTADE - RENÚNCIA TRANSLATIVA - ATO IRREVOGÁVEL - IMPOSTO DEVIDO - RECURSO DESPROVIDO. – Se, além da constituição de advogado para a formulação de pedido de abertura de inventário, o agravante, por intermédio do procurador, se afirma o único herdeiro da *de cujus*, e, nessa qualidade, requer a sua nomeação como inventariante e ainda postula a expedição de alvará judicial para levantamento de numerário proveniente no monte-mor para o pagamento de dívidas da falecida, induvidosamente está aceitando a herança, ainda que tacitamente. E, nos termos do art. 1812 do Código Civil, é irrevogável o ato de aceitação da herança.
>
> – Assim, evidenciada nos autos a ocorrência de renúncia translativa, que envolve duas declarações de vontade – aceitação da herança e subsequente alienação ao favorecido -, inarredável a incidência do imposto de transmissão inter vivos sobre tal operação.
>
> – Recurso desprovido.
>
> (TJMG - Agravo de Instrumento-Cv 1.0024.12.247169-1/001, Relator(a): Des.(a) Eduardo Andrade , 1ª CÂMARA CÍVEL, julgamento em 11/06/2013, publicação da súmula em 20/06/2013).

Lembramos que não existe qualquer empecilho ao herdeiro em dispor de sua herança ou da quota que recebeu. Apenas se alerta aqui sobre a irrevogabilidade da aceitação, ainda que tacitamente manifestada. Tendo recebido sua herança, o ato de disposição da mesma apenas implicará em doação, ou, se for o caso, cessão de direitos, atos sujeitos à tributação.

Quando o objetivo do herdeiro for o de efetivamente receber a herança, poderá fazê-lo através de manifestação escrita (aceitação expressa), ou, simplesmente agir como proprietário, praticando atos próprios da qualidade de herdeiro como, por exemplo, buscar promover a formalização da transmissão (aceitação tácita). Esta última forma é a modalidade mais comum. A mesma orientação já vigia no Código Civil de 1916, recebendo exemplificação de Silvio Rodrigues:

> Assim, por exemplo, se o herdeiro cede seus direitos hereditários, promete vender imóveis do espólio, paga credores, nomeia advogado para acompanhar o inventário, concorda com a avaliação etc., é manifesto que aceitou a herança, pois tais atos são incompatíveis com a posição do renunciante (RODRIGUES, 1976, p. 31).

Veja-se que os atos ditados apenas pelo espírito de cooperação ou por sentimentos de solidariedade humana, não exprimirem aceitação da herança. Da mesma forma os atos oficiosos, conservatórios e os de administração e guarda interina de bens. É o que prevê o Código:

> Art. 1805. A aceitação da herança, quando expressa, faz-se por declaração escrita; quando tácita, há de resultar tão-somente de atos próprios da qualidade de herdeiro.
>
> § 1º Não exprimem aceitação de herança os atos oficiosos, como o funeral do finado, os meramente conservatórios, ou os de administração e guarda provisória.
>
> § 2º Não importa igualmente aceitação a cessão gratuita, pura e simples, da herança, aos demais co-herdeiros.

Assim, o fato de um herdeiro assumir as providências necessárias ao funeral de seu ascendente, inclusive efetuando pagamento de despesas, demonstra solidariedade com os demais herdeiros e não aceitação da herança, que poderá ser feita após melhor reflexão.

A aceitação pode ainda ser direta, quando feita pelo próprio herdeiro ou mandatário, e, a indireta, que é feita por terceiro. A indireta ocorrerá, por exemplo, quando feita pelo tutor ou curador em nome do pupilo ou curatelado, ou por qualquer outro que não seja o beneficiário.

Atualmente, interessante previsão de aceitação indireta também pode ser vista no Código Civil, que impede que o herdeiro fraude seus credores através de repúdio ilegítimo ou simulado de seus direitos na herança. Constatada tal situação, o credor poderá, ele mesmo, aceitar os direitos em nome do herdeiro renunciante:

> Art. 1813. Quando o herdeiro prejudicar os seus credores, renunciando à herança, poderão eles, com autorização do juiz, aceitá-la em nome do renunciante.
>
> § 1º A habilitação dos credores se fará no prazo de trinta dias seguintes ao conhecimento do fato.
>
> § 2º Pagas as dívidas do renunciante, prevalece a renúncia quanto ao remanescente, que será devolvido aos demais herdeiros.

Importante dizer ainda, que ninguém é obrigado a receber herança.

Carlos Maximiliano (1952, p. 25-26) destacava que a hereditariedade existe em toda a natureza, que os filhos herdam dos pais as qualidades gerais da espécie e da raça, as particularidades da família (físicas, fisiológicas e patológicas) e até qualidades psíquicas, morais e intelectuais. O autor destaca que até as abelhas e as formigas trabalham e acumulam mais para a descendência do que para si próprias.

O que levaria, então, alguém a não querer receber uma herança, se esta é algo natural? A pergunta se evidencia ainda mais em épocas de aperto financeiro e dificuldades econômicas de toda sorte, especialmente dentro de um sistema capitalista, parecendo estranho alguém não querer receber uma herança.

Contudo, tal situação é corrente no plano prático. Muitas vezes, o grupo familiar é bastante unido e um dos co-herdeiros, por exemplo, já tem ótima situação financeira, renunciando aos bens deixados para beneficiar os demais. Noutros casos, a herança não é substancial e as providências para formalização de sua aceitação e condução do inventário serão onerosas de tal sorte que o herdeiro entende ser mais fácil renunciar ao direito.

Fato é que o herdeiro tem a opção de aceitar ou renunciar aos bens, sem precisar justificar os motivos que o levaram a fazê-lo.

A renúncia, assim como a aceitação, é ato puro e simples, não aceitando condições ou quaisquer outras cláusulas vinculadas ao ato jurídico:

> Art. 1808. Não se pode aceitar ou renunciar a herança em parte, sob condição ou a termo.
>
> § 1º O herdeiro, a quem se testarem legados, pode aceitá-los, renunciando a herança; ou, aceitando-a, repudiá-los.
>
> § 2º O herdeiro, chamado, na mesma sucessão, a mais de um quinhão hereditário, sob títulos sucessórios diversos, pode livremente deliberar quanto aos quinhões que aceita e aos que renuncia.

Por outro lado, ao contrário da aceitação, que pode ser feita sob diversas formas (expressa, tácita, por provocação, direta, indireta), a renúncia será sempre expressa, devendo ser feita por escritura pública lavrada em cartório de registro de notas, ou, poderá o renunciante solicitar ao juiz nos próprios autos do inventário que determine a lavratura de termo de renúncia. Decorre do Código Civil a previsão, que não pode ser negligenciada: "Art. 1806. A renúncia da herança deve constar expressamente de instrumento público ou termo judicial".

Também por este motivo, caso o herdeiro seja casado, em boa parte das situações necessitará da anuência do cônjuge para que a renúncia tenha validade. Realmente, apenas no regime de separação, o cônjuge tem a livre disposição dos bens imóveis, já que, a princípio não existirão bens comuns, passíveis de meação.

Considerando que para o Direito brasileiro, a herança é transmitida desde o momento da abertura da sucessão (morte), devemos atentar que o ato de renúncia é daqueles que a lei reputa como possuindo efeitos *extunc,* ou seja, que retroagem ao momento do óbito. Na verdade, a própria lei civil estabelece que a transmissão tem-se por não verificada, quando o herdeiro renuncia à herança:

> Art. 1804. Aceita a herança, torna-se definitiva a sua transmissão ao herdeiro, desde a abertura da sucessão.
>
> Parágrafo único. A transmissão tem-se por não verificada quando o herdeiro renuncia à herança.

Percebe-se, portanto, que os herdeiros devem mostrar-se atentos, pois o simples ato de aceitar ou renunciar à herança já é passível de gerar conflitos, cuja solução, na grande maioria das vezes, tem sido buscada judicialmente.

5
SUCESSÃO TESTAMENTÁRIA

Curiosamente, em nosso País, é pouquíssimo comum ver pessoas procurando orientação para celebração de testamentos. Aponta-se vários motivos para justificar esta realidade, dentre eles podendo ser citados o desconhecimento da população a respeito dos procedimentos, o custo financeiro para elaboração e até mesmo argumentos de ordem subjetiva, como a lembrança da morte não ser algo agradável.

Fato é que sobram dúvidas a respeito do assunto, o que, mais uma vez, provoca a corrida dos herdeiros ou excluídos da herança ao Poder Judiciário, buscando a solução das questões.

O problema é que o desconhecimento da norma sucessória pode levar a problemas que trarão a paralização do inventário por anos, até que se discutam as questões que envolvem o documento.

Antes de adentrar no estudo da sucessão testamentária, lembramos que para buscar compreender o conteúdo do Direito das Sucessões precisamos entender que seu objetivo pode se resumir à busca da resposta à seguinte pergunta: com quem você gostaria que ficassem seus bens, caso viesse a falecer?

Na busca da resposta, o Código Civil Brasileiro dividiu o livro das Sucessões em duas partes, sendo que na primeira é tratada a solução da lei para esta questão, e, na segunda, é prevista a possibilidade do próprio indivíduo respondê-la por meio da elaboração de um testamento: "Art. 1786. A sucessão dá-se por lei ou por disposição de última vontade".

Roberto de Ruggiero (1937) discorre sobre os fundamentos desta divisão:

> Este fundamento, que para a sucessão testamentária é a autonomia da vontade, a qual exige ser respeitada ainda mesmo quando tenha deixado de existir o seu autor, é tido pelos escritores, quanto à sucessão legítima, ora como uma presunção de vontade do defunto, ora como o conceito de uma comunhão doméstica. Segundo a primeira teoria, a lei, ao dispor na falta de uma declaração de vontade do defunto, tomaria por base da atribuição dos bens aquela mesma vontade, presumindo-a como existente e destinada a beneficiar, de preferência aos estranhos, os próprios parentes. Segundo a outra, a atribuição dos bens feita pela lei a favor dos membros da família não seria senão uma consequência do princípio da comunhão doméstica e um reconhecimento dos direitos, ou pelo menos das legítimas expectativas, que já durante a comunhão têm sobre o patrimônio familiar os vários membros (DE RUGGIERO, 1937, p. 434-435).

Quando o óbito acontecer *ab intestato*, ou seja, sem que o falecido tenha deixado um testamento, será a lei que dirá o que acontecerá com os bens e direitos, classificando-se a sucessão como legítima. A regulamentação destas regras jurídicas é necessária porque não é compreensível que o legislador deixe a situação insolúvel, ou mesmo sujeite a sociedade a uma disputa dos bens pela força.

Classificar-se-á, contudo, como testamentária, a sucessão que se dê por disposição de última vontade, ou seja, através de um testamento.

O Direito atual permite a convivência harmônica entre as duas regulamentações: lei e testamento. Existem, inclusive, uma série de regras que pretendem harmonizar ambas as prescrições quando elas entrarem em conflito, em vez de promover uma em detrimento da outra. Em termos básicos, o Código Civil prescreve que sempre que, por qualquer motivo, não for possível seguir a previsão feita no testamento, aplicar-se-ão as regras previstas na lei:

> Art. 1788. Morrendo a pessoa sem testamento, transmite a herança aos herdeiros legítimos; o mesmo ocorrerá quanto aos bens que não forem compreendidos no testamento; e subsiste a sucessão legítima se o testamento caducar, ou for julgado nulo.

O testamento, segundo previsão do Código de 1916, é o documento revogável, pelo qual uma pessoa dispõe de todos os seus bens, ou de parte deles, para depois de sua morte.

A atual legislação suprimiu tal definição por considerá-la incompleta, já que o testamento poderá ser composto apenas por previsões de caráter não patrimonial como, por exemplo, o reconhecimento de um filho, a nomeação de um tutor para filho menor, dentre várias outras possibilidades.

Para celebração do testamento, o art. 1860, do Código Civil atual exige que o testador tenha um mínimo de 16 (dezesseis) anos completos quando da sua elaboração, além de pleno discernimento no momento de sua confecção.

A previsão é contraditória, pois no mesmo diploma legal se verifica o estabelecimento de capacidade civil relativa para aqueles que ainda não tiverem 18 (dezoito) anos completos (art. 4º). Nesta idade, entende-se que o discernimento ainda não é pleno, devendo a pessoa ser assistida pelos pais ou tutores.

O problema é que a manifestação de vontade a ser emitida no testamento deve ser a mais ampla possível, não se admitindo assistência para sua confecção. A polêmica, contudo, deve se restringir apenas ao âmbito doutrinário, já que além da elaboração de testamento não ser comum no nosso País, raramente pessoas nesta idade terão bens a dispor ou mesmo interesse na elaboração.

Não existe limitação máxima de idade para a elaboração do testamento, sendo que o Código Civil estabelece a presunção de capacidade a partir dos 18 (dezoito) anos (além da capacidade testamentária), devendo a incapacidade, caso exista, ser provada.

Se a lei não é polêmica quanto à idade máxima, por outro lado, na prática é bastante corriqueiro o questionamento de testamentos feitos por pessoas em idade avançada, diante do inconformismo dos herdeiros com as previsões lançadas no documento, que certamente lhes retirará parte do que teriam direito.

Em nossa jurisprudência não faltam relatos de casos desta ordem:

> APELAÇÃO CÍVEL. AÇÃO DE ANULAÇÃO DE TESTAMENTO. SUPOSTA FALTA DE DISCERNIMENTO DO TESTADOR DECORRENTE DA IDADE AVANÇADA E DE DERRAME CEREBRAL. MÍNGUA DE PROVAS

> ACERCA DA INCAPACIDADE NO ATO DE TESTAR. ATO VÁLIDO. SENTENÇA MANTIDA. RECURSO DESPROVIDO. **A nulidade do testamento pela falta de discernimento do testador requer prova contundente de que à época da elaboração do ato o testante se achava impossibilitado de compreender e manifestar real e juridicamente sua vontade. A idade avançada, por si só, não gera a incapacidade de testar.**
>
> (TJ-SC - AC: 443018 SC 2009.044301-8, Relator: Fernando Carioni, Data de Julgamento: 26/01/2010, Terceira Câmara de Direito Civil, Data de Publicação: Apelação Cível n. , de Ibirama).

Duas características básicas do testamento devem ser destacadas, já que os conflitos que envolvem uma sucessão testamentária normalmente a elas se restringem: a solenidade e a plenitude de independência da manifestação de vontade do testador. No Código Civil consta: "Art. 1858. O testamento é ato personalíssimo, podendo ser mudado a qualquer tempo".

É preciso compreender que toda pessoa capaz de testar, tem o direito de dispor de seus bens como lhe aprouver, sem qualquer tipo de interferência em sua manifestação de vontade. A maior parte das regras da Sucessão Testamentária tem exatamente o objetivo de proteger esta liberdade, evitando qualquer tipo de influência de terceiros sobre o testador.

Não é permitido, por exemplo, a elaboração do chamado testamento conjuntivo (art. 1863), ou seja, feito por mais de uma pessoa ao mesmo tempo, por entender-se que só por estarem juntos, há influência de um sobre o outro.

Veda-se até mesmo que uma testemunha do testamento dele receba bens da sucessão em questão, o que ocorre pela presunção de constrangimento ao sujeito que o elabora, ainda que mínimo e inconsciente. Sob a mesma presunção, existem também outras pessoas não legitimadas a receber no Código Civil:

> Art. 1801. Não podem ser nomeados herdeiros nem legatários:
>
> I – a pessoa que, a rogo, escreveu o testamento, nem o seu cônjuge ou companheiro, ou os seus ascendentes e irmãos;
>
> II – as testemunhas do testamento;
>
> III – o concubino do testador casado, salvo se este, sem culpa sua, estiver separado de fato do cônjuge há mais de cinco anos;
>
> IV – o tabelião, civil ou militar, ou o comandante ou escrivão, perante quem se fizer, assim como o que fizer ou aprovar o testamento.

No tocante às formalidades, compreende-se que as mesmas são imprescindíveis para proteger a liberdade de manifestação de última vontade e, para assegurar aos herdeiros que o ato não foi viciado. Cada tipo de testamento tem formalidades que lhe são próprias, não se misturando umas com as outras. Se não foram cumpridas com exatidão as formalidades para elaboração de determinado testamento, este documento não é nulo e não pode ser convertido em outro.

São três as formas de testamentos ordinários previstas no Código Civil: público, cerrado ou secreto (quanto ao conteúdo) e particular. Cumpridas as formalidades testamentárias, o documento terá todo valor, não existindo prevalência de uma forma sobre a outra.

Cada modalidade tem vantagens e desvantagens, sendo que não existe um melhor ou pior que o outro, mas apenas o mais adequado, conforme os objetivos do testador.

O testamento público tem a vantagem de ser o mais seguro, já que é celebrado na presença de um tabelião, minimizando o risco de equívocos quanto às formalidades exigidas pela lei. Sendo uma escritura pública, o testador ainda tem a garantia que caso perca o instrumento que lhe foi entregue, poderá recorrer ao cartório e obter outra via com o mesmo valor jurídico.

O testamento público, por sua vez, tem a desvantagem inerente à própria publicidade, ficando disponível seu conteúdo a quem quiser conhecê-lo, bastando para isso obter sua cópia com o pagamento dos emolumentos cartorários. Em alguns Estados, o acesso só é permitido após o óbito, o que entendemos não ser correto.

Já o testamento cerrado ou secreto tem como grande vantagem o sigilo de seu conteúdo, o que poderá evitar inconveniências ao testador perante os herdeiros enquanto está vivo. Nesta modalidade, haverá apenas a necessidade do tabelião aprovar sua elaboração, mas a cédula testamentária é devolvida ao interessado após o término das formalidades.

Exatamente aí reside a desvantagem desta modalidade, já que, caso o testador ou responsável pelo documento o perca ou extravie não será possível cumprir as regras nele estabelecidas.

O testamento particular tem a seu favor o fato de poder ser feito em casa e sem custos, desde que se conheça as formalidades previstas na lei. Contra si, milita a possibilidade de equívocos e até mesmo fraudes, considerando a ausência da figura estatal na elaboração.

As duas primeiras formas são mais conhecidas, talvez porque elaboradas ou validadas junto a um cartório de registro de notas. O testamento particular, ainda que tenha o mesmo valor dos demais, obedece a um maior rigor formal e sofre preconceito diante da possibilidade de fraudes.

Uma das mais tortuosas questões relativas à sucessão testamentária diz respeito à limitação da liberdade do testador, prevista por inspiração do princípio da solidariedade familiar.

Esta limitação é feita através da atribuição de metade dos bens do testador aos descendentes (filhos, netos, bisnetos etc), ascendentes (pais, avós, bisavós etc) e cônjuges, considerados pela lei como mais próximos ao testador. Esses herdeiros são chamados de necessários ou reservatários, e a parcela de bens que lhes cabe de pleno direito é denominada legítima.

Se o testador tiver como parentes apenas os colaterais (irmãos, tios, sobrinhos e primos), poderá dispor de seus bens sem nenhum tipo de limitação, submetendo-se os herdeiros, por completo, à vontade do *de cujus* por ocasião do inventário. Caso contrário terá que limitar suas deixas apenas à metade do patrimônio.

Não é novidade o questionamento judicial de situações nas quais alguns dos herdeiros necessários reclamam de recebimento a menor, considerando que o falecido favoreceu com sua parte disponível apenas um deles. Em decisão recente, o Tribunal de Justiça Mineiro assim se posicionou:

> EMENTA: APELAÇÃO CÍVEL – AÇÃO ANULATÓRIA DE TESTAMENTO – REPARTIÇÃO DA PARTE DISPONÍVEL – HERDEIROS NECESSÁRIOS – PRESERVAÇÃO DA LEGÍTIMA – LEGALIDADE DO TESTAMENTO. **1- A pessoa capaz pode dispor, por testamento, da parte disponível de seus bens, preservando a legítima dos herdeiros necessários, admitindo-se que o herdeiro necessário**

> **receba, além da legítima, a parte disponível destinada pelo testador**.
>
> (TJMG - Apelação Cível 1.0443.15.004298-6/001, Relator(a): Des.(a) Renato Dresch , 4ª CÂMARA CÍVEL, julgamento em 15/02/0018, publicação da súmula em 20/02/2018).

Como se vê, não há nenhum problema neste tipo de deixa, pois ninguém melhor que o testador para conhecer seus parentes e saber as diferentes necessidades que possuem. Desde que o benefício se restrinja à parte disponível, será válido.

Qualquer que seja a modalidade de testamento escolhida, quando do falecimento deverá ser levado a conhecimento do Poder Judiciário, para fins de análise das formalidades básicas e determinação de seu cumprimento.

6
A ORDEM DE VOCAÇÃO HEREDITÁRIA

Toda pessoa que inicia seus estudos no Direito Sucessório certamente tem sua curiosidade despertada pela pergunta básica diante do falecimento: *Quem ficará com os bens do falecido?* Este, talvez seja o próprio cerne da existência desta ciência.

Em situações nas quais o falecido deixou um testamento, a resposta será fornecida por ele mesmo. Motivos diversos moverão esta manifestação de vontade: gratidão, culpa, responsabilidade, afeto etc.

Por outro lado, quando alguém falece sem deixar manifestada sua vontade, necessário que a própria lei prescreva quem poderá receber os bens. Para entender como o legislador escolhe quais os herdeiros que irão se beneficiar, precisamos buscar a motivação existente por trás da transmissão da herança, ou seja, precisamos entender o porquê alguém é escolhido pela lei para figurar como herdeiro.

6.1 Por que alguém deve ser herdeiro?

Roberto De Ruggiero (1937, p. 434) afirma que há duas posições que podem explicar quem poderão ser os herdeiros. A primeira defende que o legislador parte de uma expectativa criada a algumas pessoas que conviveram sob o sustento do falecido, ou seja, de uma expectativa que é fruto da comunhão doméstica. Já a segunda fundamenta sua explicação no objetivo de explicitar-se a própria vontade do falecido para depois de sua morte, quando ausente uma disposição testamentária.

Clóvis Beviláqua (1938), por sua vez, ao analisar os fundamentos científicos da sucessão, afirma que esta se apoia no concurso de três elementos diferentes: o individual, o familial e o social. Afirma este notável jurista que:

> Traduzindo o acordo destes três elementos, o direito sucessório é garantido, nas legislações dos povos cultos, à família e ao Estado, sem ser desconhecida a parte de autonomia indispensável ao homem para que seja uma força apreciável na mecânica social. E, assim organizada, a sucessão legítima é um fomento dos sentimentos de pudor e dignidade, pelo cumprimento de nobre dever, qual é o de trabalhar pelo bem estar da família; é um fator da consolidação da sociedade doméstica, pelo sentimento de solidariedade que desenvolve entre os seus membros; é propulsor econômico além disso, e escola de moral prática (BEVILÁQUA, 1938, p. 67).

Não tão distante da referida lição, pensamos que talvez a resposta esteja numa conjugação do princípio da autonomia da vontade com o princípio da solidariedade familiar.

O princípio da autonomia da vontade promove a criação de normas que favoreçam o respeito à individualidade, aos interesses particulares daquele que manifesta seus desejos através dos atos jurídicos próprios.

Por outro lado, o princípio da solidariedade familiar estabelece um dever de responsabilidades entre os membros de uma família, de cuidarem uns dos outros da melhor forma possível, evitando que as necessidades de um dos membros, caso negligenciadas, recaiam sobre toda a sociedade. Ao contrário do que pode sugerir a palavra solidariedade, normalmente aliada à atuação voluntária motivada por nobres sentimentos, trata-se de uma solidariedade imposta pela lei, deixando de lado a vontade dos envolvidos, em benefício da coletividade. De fato, se não houvesse a obrigação de um pai alimentar seu filho, educá-lo e dele cuidar, este poderia acabar necessitando do amparo da coletividade, sob pena de se tornar um problema para ela, posto que poderia acabar na marginalidade.

Estas noções se aplicam à herança. Por meio da autonomia da vontade, alguém poderá dispor de seus bens para depois de sua morte por testamento (sucessão testamentária). O próprio legislador, ao criar as regras para a sucessão legítima (escolha de herdeiros), tem por norte a vontade presumida do falecido.

Já o princípio da solidariedade familiar estabelece que alguns parentes terão expectativa de recebimento da herança na medida que durante toda a vida o patrimônio do falecido, ainda que indiretamente, lhes serviu de sustento ou proporcionou conforto. Nesta última análise, evitam-se dois problemas básicos: que os parentes do falecido não tenham bens para se autossustentar, e, que estes bens fiquem sem dono.

Sob esses dois pilares, portanto, se regulamenta a sucessão hereditária. Será ela regida pela sucessão legítima ou testamentária, sendo que estas regras atuarão em conjunto ou isoladamente, para fins de conjugação da autonomia da vontade e da solidariedade familiar.

6.2 Composição da sucessão legítima

Já tendo em mente que o legislador, ao criar a regra sucessória, teve como norte a obediência da vontade presumida do falecido conjugada com as expectativas daqueles que com ele conviviam, podemos intuir que é natural que na lei apenas se beneficiem os membros da família do indivíduo.

Por óbvio, existem pessoas que têm amigos muito mais próximos que seus próprios familiares e a quem gostariam de beneficiar com parte, ou até toda herança. Entretanto, dada a inviabilidade do legislador intuir casos particulares, tais situações ficarão relegadas às previsões testamentárias, restringindo-se as previsões legais aos grupos familiares.

Nesta linha de raciocínio, podemos concluir que o Direito de Família está intimamente ligado à ciência das sucessões *causa mortis*. É naquele ramo jurídico que estão prescritas as formas de ligação familiar, ou fontes de família, divididas em três ligações básicas: parentesco, afinidade e conjugalidade.[6]

Destas fontes, apenas o parentesco e a conjugalidade estão abrangidas pela sucessão legítima, estando afastado o recebimento de herança por parte daqueles que são ligados pelo vínculo da afinidade.

Tal situação decorre de mera opção legislativa, diante da realidade histórica vivenciada em nossa época, podendo certamente ser objeto de revisão caso se percebam mudanças dentro das relações familiares. Da lição de Clóvis Beviláqua (1938, p.

---

[6] A conjugalidade aqui é considerada em sentido *latu*, abrangendo as ligações decorrentes de casamento ou união estável.

87): "E é porque os povos têm tido modos diferentes de conceber e de organizar a família, que a ordem da sucessão tanto tem variado no trânsito dos séculos".

Importante destacar aqui que entendemos que a afinidade é um vínculo jurídico próprio, que difere do parentesco. Roberto de Ruggiero, em análise do Direito Italiano nos idos de 1937, afirmava que os afins sequer fazem parte da família em sentido estrito (RUGGIERO, 1937, p. 513). Na mesma linha, Clóvis Beviláqua (1938, p. 87) analisava o Direito Brasileiro no mesmo período.

Na atualidade, alguns autores entendem de forma diferente, tratando a afinidade como espécie de parentesco. Segundo estes, a estrutura familiar teria base na afetividade existente entre seus membros, e, nos últimos anos, esta configuração teria se alterado bastante, trazendo aos afins uma proximidade maior com os demais membros da família, o que justificaria inclusive a própria expressão "parentesco por afinidade" existente no Código Civil atual (DIAS, 2017).

A correlação de direitos e deveres, de responsabilidade entre os familiares, e, também porque não considerar, de relações afetivas entre eles, é quem irá determinar o grau de expectativa que terá cada um na eventual herança do outro.

Em nossa opinião, o legislador, considerando os fatores acima destacados (grau de responsabilização recíproca, proximidade e afetividade), entendeu por bem conferir direitos hereditários a parentes, cônjuges e companheiros (solidariedade familiar), afastando desta possibilidade os afins, que poderão, contudo, ser beneficiados por meio de previsão testamentária (autonomia da vontade).

6.3 A ordem de vocação – Quem fica com a herança? A previsão atual e o impulsionamento das partes na busca ao Poder Judiciário

Fixada a ideia segundo a qual o Direito brasileiro elegeu como prováveis herdeiros apenas os parentes, os cônjuges e os companheiros, necessário observar que eles não são tratados como iguais para fins de recebimento da herança.

Muito ao contrário, o legislador fixou uma ordem de preferência entre os familiares, chamando-a de ordem de vocação hereditária, para fins de organizar a sucessão. Segundo Clóvis Beviláqua (1938, p. 87):

Chama-se *ordem de sucessão*, ou ordem em que é feita a vocação hereditária da lei, a distribuição dos sucessíveis em classes das quais umas preferem às outras na adição da herança.

Virgílio de Sá Pereira (1959) ilustra bem a necessidade de organização e raciocínio científico:

> (...) Que é uma classificação?
>
> Vamos obter a resposta por meio de um exemplo.
>
> Dai-me o prazer de visitar-me na minha biblioteca. Que diríeis se vísseis os livros enfileirados nas prateleiras segundo a cor das lombadas e os tipos dos volumes? A impressão visual não poderia deixar de ser agradável, máxime se, ao senso da gradação cromática, houvera aliado o dono o senso da gradação simétrica. Não estariam bem arrumados os meus livros? (...)
>
> Vereis porém uma classificação nesta ordem em que dispus os meus livros? Certo que não.
>
> Estariam eles muito bem arrumados, mas estariam também miseravelmente classificados.

> (...)
>
> Admiti agora que os meus livros se acham dispostos, não segundo a cor das lombadas e o tamanho dos volumes, mas segundo a matérias de que tratam. A dissimetria exterior vos ferirá os olhos, mas a simetria intrínseca se vos imporá ao espírito.
>
> (...)
>
> Um livreiro qualquer arrumará bem os seus livros, só um estudioso os classifica (PEREIRA, 1959, p.97-98).

Assim, visando a uma adequada organização dos institutos, o Direito de Família estabeleceu que o parentesco é amplo, subdividindo-o em dois grupos: os que possuem entre si uma relação de ascendência e descendência (linha reta) e os que se ligam por um ancestral comum (linha colateral).

Como é de se esperar, nas duas linhas, existem pessoas mais próximas que outras, o que gerou a necessidade de classificação também do grau de proximidade, o que é feito contando-se o número de gerações entre os parentes envolvidos (art. 1594, CC/02).

Tomando por empréstimo tal classificação, o Direito Sucessório relacionou estes familiares em classes de herdeiros. Classe é uma categoria de chamados, que tem um direito ou razão especial de chamamento para a herança (DE RUGGIERO, 1937, p.513-514). São elas: os descendentes, os ascendentes, os cônjuges ou os companheiros e os colaterais até o quarto grau.

Obviamente, as classes de herdeiros não são chamadas ao mesmo tempo à partilha da herança. Dentro de cada classe, o legislador identificou pessoas com diferentes graus de proximidade, estabelecendo a precedência de uns sobre os outros para fins de chamamento ao recebimento da herança.

Assim, temos por ordem de vocação hereditária a identificação da preferência entre os herdeiros das diferentes classes para fins de recebimento da herança.

A escolha destas classes de herdeiros e sua própria limitação é feita com base nos motivos já trabalhados acima e, também, considerando a configuração familiar de cada época.

Nos últimos anos, o que se viu foi uma mudança grande no tocante ao papel do cônjuge dentro do ambiente familiar, com consequente edição de leis visando à melhoria de sua condição sucessória.

O Código Civil de 2.002 seguiu essa tendência, buscando ampliar ainda mais os direitos desta classe de herdeiros, inclusive criando no Direito Brasileiro a possibilidade de concorrência entre classes de herdeiros.

Essa tendência já era visualizada há muito tempo, como se pode ver dos comentários ao Código Civil feitos em 1932 por Clóvis Beviláqua:

> A família é um organismo social, que se forma com o casamento, e desenvolve com a procriação da prole. Os cônjuges constituem os elementos primordiais da família, e a comunhão de vida e de interesses, em que devem viver, exige que, dissolvida a sociedade conjugal, por morte de um deles, não se considere o sobrevivente um estranho, pois nele se concentram, ainda, afetos e tradições, que apertam os laços da família. Em rigor, o cônjuge supérstite deveria fazer parte das duas primeiras classes de sucessíveis, salvo se pelo regime do casamento lhe coubesse levantar a metade do patrimônio da família, porque, então, já estaria economicamente, amparado (BEVILÁQUA, 1932, p. 58-59).

O renomado Autor não teve como ver seus anseios de proteção ao cônjuge atendido, o que só veio a acontecer com a edição do Código Civil de 2002. Contudo, provavelmente se entristeceria o nobre jurista com a confusa redação dada ao dispositivo legal, que suscita até hoje muitos questionamentos.

Na vigência do Código de 1916, a aplicação da norma era muito mais simples do que na previsão atual, já que esta era a previsão:

> Art. 1603. A sucessão legítima defere-se na ordem seguinte:
>
> I – Aos descendentes.
>
> II – Aos ascendentes.
>
> III – Ao cônjuge sobrevivente.
>
> IV – Aos colaterais.
>
> V – Aos Estados, ao Distrito Federal ou a União.
>
> V – Aos Municípios, ao Distrito Federal ou à União.

Para saber quem era o herdeiro, bastava entender que a ordem deles era estabelecida com base em duas características básicas: ela é sucessiva e excludente. Isso quer dizer que o chamamento dos herdeiros deve obedecer criteriosamente a cronologia firmada na lei, e, na medida em que localizado no caso concreto algum herdeiro indicado pela lei, ele excluirá todas as demais opções.

Portanto, bastava verificar quais eram os parentes do *de cujus*, se houvesse algum descendente (inciso I), imediatamente excluiremos a possibilidade de recebimento da herança pelos ascendentes (inciso II) e demais herdeiros (III a V). Não os havendo, seguiríamos à classe dos ascendentes (II) e, assim por diante.

Contudo, ao criar a possibilidade de concorrência entre classes de herdeiros no Direito Brasileiro, o legislador estabeleceu verdadeira confusão, ao aprovar dispositivos mal escritos e omissos, além de misturar regras de Direito de Família e de Direito Sucessório.

A ordem de vocação hereditária atual está firmada nos seguintes moldes, no Código Civil em vigor:

> Art. 1829. A sucessão legítima defere-se na ordem seguinte:
>
> I – aos descendentes, em concorrência com o cônjuge sobrevivente, salvo se casado este com o falecido no regime da comunhão universal, ou no da separação obrigatória de bens (art. 1640, parágrafo único); ou se, no regime da comunhão parcial, o autor da herança não houver deixado bens particulares;
>
> II – aos ascendentes, em concorrência com o cônjuge;
>
> III – ao cônjuge sobrevivente;
>
> IV – aos colaterais.

Uma rápida leitura do artigo já traz saudosismo aos admiradores do Código Beviláqua. A clareza do art. 1603, do Código de 1916 atendia com perfeição ao princípio da simplicidade, marco do Direito das Sucessões, que tem por premissa que a regra sucessória deve viabilizar a solução mais fácil e direta aos herdeiros, especialmente porque estão passando por um momento delicado diante da perda de um ente querido.

Em análise do inciso I, percebemos que nos casos em que o falecido seja casado e tenha filhos, necessitaremos estar atentos ao regime de bens, para definir se o cônjuge será apenas meeiro, ou, noutra linha, se também receberá herança juntamente com seus descendentes.

Por outro lado, não podemos confundir as regras de Direito de Família e de Direito das Sucessões, ainda que estejam relacionadas no mesmo dispositivo. Quando o art. 1829 menciona os regimes de bens, o faz para definição dos sucessores, permanecendo íntegro o regramento da sociedade conjugal decorrente do casamento. A análise da meação, portanto, permanece separada do estudo da herança.

A meação é instituto do Direito de Famílias, correspondendo à parcela de bens que caberá a cada cônjuge em virtude da dissolução da sociedade conjugal. O recebimento de meação não se trata de aquisição patrimonial, mas de mera separação do que já pertencia a cada cônjuge em virtude do regramento patrimonial do casamento ou da união estável.

Já a herança é benefício patrimonial recebido por alguém em virtude da morte de outra pessoa, em virtude de previsão legal ou testamentária. Nesta hipótese sim, há acréscimo nos bens do herdeiro.

Repita-se: herança e meação não se confundem, assim como também não as regras do Direito de Família e os da Sucessões. Cada uma tem seu fundamento, seu motivo de existir e seu objetivo.

O art. 1829 trabalha normas diferentes, de diferentes ramos do Direito, com objetivos direcionados à proteção dos membros de uma família, sob óticas diversas. Diante da evolução dos modelos familiares, podemos dizer que a mudança legislativa ocorrida com relação ao regramento de 1916 já era esperada, mas, como dito, a fórmula adotada foi confusa, omissa e insuficiente.

Vê-se que o inciso I, do referido artigo, estampa até mesmo erro de remissão, já que quando se refere à concorrência entre descendentes e cônjuges quando ocorrer o regime de separação obrigatória de bens, remete o intérprete ao art. 1640, parágrafo único, sendo que a previsão correta é o art. 1641.

Após a doutrina e jurisprudência reconhecerem que os cônjuges devem ser tratados com isonomia e, que, especialmente a mulher não mais possui o papel passivo de outrora, não restam dúvidas de que sua condição sucessória junto ao outro deveria ter sido aprimorada.

Ocorre que ao tentar fazer este ajuste, o legislador não foi feliz, pois em leitura ao início do dispositivo, tem-se a impressão de que a ideia é fazer da concorrência entre descendentes e cônjuges a regra geral, seguindo-se de situações excepcionais onde isto não ocorrerá.

Sem pretender aqui fazer uma análise minuciosa a respeito da previsão e consequências do art. 1829, do atual Código, não podemos deixar de dizer que sua interpretação deve conduzir o intérprete à conclusão de que o legislar apenas reconheceu a necessidade de proteção ao cônjuge, e, que este olhar cuidadoso deve surgir quando o marido ou a mulher, quando da dissolução do casamento causada pelo óbito, não tiver ficado com bens em razão da regulamentação do regime de bens, ou seja, não tiver meação.

De fato, prevê-se que o cônjuge poderá receber herança juntamente com os descendentes sempre que NÃO for casado no regime de comunhão universal e no regime de comunhão parcial, sem bens particulares. Nestas hipóteses, o cônjuge já tem meação, não necessitando ser protegido também com a concessão de herança.

Também se exclui a concorrência, se o regime for de separação obrigatória, sendo que a exclusão decorre por coerência normativa. O Direito de Família entende que em estando um dos cônjuges em situação de fragilidade, não poderá haver comunicação patrimonial. Ora, a previsão tem por foco não exatamente uma questão de família ou de sucessões, mas de proteção à fragilidade de alguém, em virtude da ausência do necessário discernimento ou da possibilidade de confusão patrimonial (art. 1523, CC/02). A fragilidade é que precisa ser protegida, portanto, e, estas situações permanecerão existindo seja por ocasião da distribuição da meação ou da herança.

Utilizando as premissas interpretativas supratratadas, podemos dizer, assim, que a concorrência do cônjuge com os descendentes se dará apenas no regime de separação convencional de bens, no regime de comunhão parcial de bens com bens particulares, e, no regime de participação final nos aquestos, sendo que nas duas últimas hipóteses, a concorrência se dará apenas quanto aos bens particulares.

Vale destacar que a interpretação do art. 1829, foi alvo de grandes batalhas judiciais, com dissenso também na doutrina mais abalizada. Entretanto, o entendimento explicitado acima foi consolidado na 2ª Seção do Superior Tribunal de Justiça – STJ, após mais de 13 anos, quando do julgamento do REsp 1.382.170/SP, em 22/04/2015.

Contudo, as dificuldades relativas ao assunto não se limitam à definição de quais situações ocorreria a concorrência entre cônjuges e descendentes, mas também no montante desta participação. Consta do Código Civil:

> Art. 1832. Em concorrência com os descendentes (art. 1829, inciso I) caberá ao cônjuge quinhão igual ao dos que sucederem por cabeça, não podendo a sua quota ser inferior à quarta parte da herança, se for ascendente dos herdeiros com que concorrer.

O artigo, como se vê, estabelece que se o cônjuge for o ascendente dos demais herdeiros concorrentes terá para si o mínimo de 1/4 da herança, e, não o sendo, a quota será sempre equivalente. Permaneceu carente de solução das situações onde houver vários herdeiros de mais de uma união, ou seja, o dispositivo regulamenta os casos em que o cônjuge concorre com os próprios filhos e aqueles em que concorre apenas com filhos do falecido, mas nada estabelece para as situações nas quais houver filhos de ambas as uniões.

Também aqui a doutrina e a jurisprudência têm apresentado soluções diferenciadas, sendo que alguns autores defendem verdadeiras operações matemáticas para tentar atingir o teor da norma, o que causa grande confusão e insegurança jurídica.

Não é difícil imaginar o tamanho da corrida ao Poder Judiciário diante de uma legislação tão deficiente. Existem no Congresso Nacional dezenas de projetos de lei visando à modificação dos dispositivos do Código Civil que regulamentam o Direito das Sucessões, entretanto, sem nenhum horizonte de solução.

Como somos um país onde o sistema jurídico romano-germânico impera, sendo a lei considerada como fonte primeira, mostra-se ao menos desconfortável a vigência de regras tão questionadas. Contribui-se para a completa insegurança jurídica, o que não é desejável sob nenhum aspecto.

Os herdeiros, diante desta realidade, se veem impelidos em buscar no Poder Judiciário uma solução para seus problemas, já que nem mesmo a regra estabelecida se mostra de forma clara para orientá-los.

7
O RESGATE DO DIREITO DAS SUCESSÕES DENTRO DE UM NOVO PARÂMETRO DE SOLUÇÃO DE CONFLITOS

Procuramos acima apresentar um pouco do conteúdo do Direito das Sucessões, disciplina que se mostra encantadora e desafiadora, diante da complexidade objetiva e subjetiva que perpassam suas normas e também os problemas que busca solucionar.

Como se pontuou em vários momentos, as regras jurídicas e os próprios institutos envolvidos não são tão simples e demandam cuidados dos próprios juristas. A complexidade, longe de desanimar o jurista ou intérprete, mostra-se desafiadora aos amantes do Direito.

Por outro lado, socialmente, o que se vê é um grande número de dúvidas e problemas causados ao destinatário da norma jurídica, o que provoca uma verdadeira guerra nos tribunais, a ponto de conceder aos inventários a pecha de serem os procedimentos mais longos e delicados.

Esta busca desenfreada ao Estado para apresentação da solução às dúvidas das partes não ocorre meramente pelas dificuldades técnicas. Longe disso, tais embates e problemas são perpassados pela subjetividade e apresentam sempre contornos de drama.

O óbito de alguém traz de imediato a sensação de perda, mas também faz submergir uma série de outros sentimentos como culpa, raiva, rancores e outros sentimentos criados dentro de uma história familiar, ampliando os conflitos entre os herdeiros envolvidos.

O operador jurídico desta seara, portanto, precisará conjugar a melhor técnica, com os cuidados necessários para antever a história vivenciada pelos envolvidos, sob pena de não se conseguir alcançar uma solução que pacifique a questão.

Os institutos sucessórios são extremamente ricos, o que torna esta ciência tão curiosa e necessária. Por outro lado, em nosso País é possível verificar que historicamente a postura do aplicador do Direito das Sucessões, assim como dos que militam nas demais áreas, acaba por promover o embate, colocando as partes em posições antagônicas e submissas a uma solução apresentada pelo Estado.

Na lição de Maria de Nazareth Serpa (2017):

> A sociedade aprendeu a levar os conflitos para os tribunais. Com as leis aprendeu a evitar a violência, a guerra e a cobrança de seus interesses, necessidade e direitos, com as próprias mãos. Mas esqueceu como resolver conflitos em meio a essas mesmas necessidades e interesses delegando poderes que só ela por si pode exercer. Esqueceu como conquistar e administrar a paz (SERPA, 2017, p. 47).

O próprio cidadão se vê acostumado a um Estado assistencialista, que lhe fornece os meios de vida e a solução para seus problemas. Dierle Nunes (2016) afirma que:

> A verdade é que as pessoas, por estarem inseridas num contexto histórico individualista, egocêntrico, violento, não cooperativo – e de uma certa forma amoral – buscam tão somente o seu sucesso pessoal e, quando sujeitam-se ao diálogo, tentam, estrategicamente, persuadir o outro de forma a obter o que é melhor para si, e não o consenso, mesmo que de índole procedimental, que resultaria do convencimento pelo sujeito que possuísse o melhor argumento, sem a utilização de força, violência ou vínculo hierárquico.

A cultura adversarial apenas se solidifica diante desta realidade, deixando o cidadão submetido a uma questionável resposta de terceira pessoa para os problemas que está vivenciando.

Urge que o Direito Sucessório busque novos caminhos para solução dos próprios litígios e para trazer a pacificação social.

Não é nova a afirmação de que nosso Poder Judiciário está falido e repleto de demandas as quais não tem como atender a contento.

Os juristas não estão inertes diante desta realidade, o que pode ser visto, por exemplo, pelo enorme empenho realizado para se fazer uma reforma no Código de Processo Civil, buscando-se novos parâmetros para instrumentalização das demandas em trâmite em nosso País. O processualista Dierle Nunes (2016) leciona:

> Como se sabe, o Novo CPC, dentro dos limites do discurso legislativo, tenta promover uma nova racionalidade para o trato das litigiosidades.

> Ao se analisar o disposto no art. 3° do Novo CPC, percebe-se notória tendência de se estruturar um modelo multiportas que adote a solução jurisdicional tradicional agregada à absorção de outros meios.
>
> (...)
>
> Em assim sendo, paralelamente à visão técnica do funcionamento da justiça oficial (fortemente inspirada em métodos forjados para enfrentar a contenciosidade), ganha terreno, no fim do século XX e início do século atual, a preocupação dos cientistas do direito processual com a implantação da chamada justiça coexistencial.
>
> O pano de fundo deste fenômeno pode ser consultado em outra sede.
>
> Nos termos postos, vislumbra-se que para além de se pensar na jurisdição como última via para se dimensionar um conflito, hoje é possível se pensar que as chamadas técnicas alternativas, podem ser utilizadas como **vias plúrimas e adequadas** para a solução mais apropriada, quando bem estruturadas e levadas a cabo de modo profissional, independentemente do nível de complexidade do conflito que se apresente.

Procura-se, portanto, superar a cultura existente, substituindo-a por uma nova forma de lidar com os conflitos, uma forma segundo a qual os beneficiários da norma mudem seu papel e passem não apenas a trazer as demandas para o Estado solucionar, mas, ao contrário, participem diretamente na construção da solução dos problemas, interagindo com o Poder Judiciário de forma ativa.

É necessário buscar conhecer estas novas formas de solução de conflitos, divulgá-las e sedimentá-las no seio da sociedade, para que se tornem uma prática rotineira benéfica e produtiva.

Neste contexto, soluções diversas estão sendo propostas e estudadas, destacando-se a ideia de implementação de um modelo multiportas, com ferramentas diversas e diferenciadas, que permitam uma solução construída pelas partes para o problema vivenciado, em vez de mera submissão a uma decisão que certamente não agradará a todos.

No mundo todo, vem crescendo esta ideia, consagrada pela sigla em inglês ADR – *Alternative Dispute Resolution*, utilizada normalmente para designar todos os processos de resolução de disputas sem intervenção de autoridade judicial.

Maria de Nazareth Serpa (2017) elucida que o novo modelo é benéfico para toda a sociedade:

> Os processos não adversariais de resolução de conflitos vêm em benefício não só de usuários da Justiça ou partes direta ou indiretamente envolvidas no processo conflituoso. Propiciado o conhecimento, ultrapassados os tabus, descartadas as crenças de perda de poder e restrição da profissão e ampliado o universo resolutivo, o contingente profissional de juízes, advogados, serventuários e estudiosos do direito serão os grandes beneficiários, verão no mundo da negociação e do acordo um horizonte promissor que terá guarida e lugar de apreço não só no saguão judicial como na esfera privada (SERPA, 2017, p. XXIV)

O reconhecimento de uma pluralidade de ferramentas para busca dos conflitos, amplia os horizontes do jurisdicionado e favorece a evolução social.

Dentre estas ferramentas, a mediação se destaca, especialmente considerando a natureza subjetiva pela qual perpassam os conflitos sucessórios, em que o histórico familiar exige uma solução alcançada dentro de um processo dinâmico com busca ao entendimento.

8
DO CONFLITO A SUA GESTÃO

8.1 Do Processo de Comunicação

Seja por meio da linguagem verbal ou não verbal, todo ser humano se comunica. A comunicação verbal abrange a comunicação escrita e a comunicação oral. A comunicação não verbal ocorre por meio de gestos, sinais, códigos sonoros, expressões faciais ou corporais, imagens oau outros códigos representativos.[7]

Neste sentido veremos que a comunicação será um fator necessariamente presente nos conflitos, sendo que ela pode tanto ser seu gerador, quanto dificultar sua resolução.[8]

---

7 Conceitos disponíveis em: https://www.portaleducacao.com.br/conteudo/artigos/psicologia/os-tipos-de-comunicacao/62938. Acesso em: 10 jul 2019.

8 ENAM – Escola Nacional de Mediação e Conciliação. Curso Resolvendo Conflitos de Forma Construtiva: a contribuição de cada um para uma cultura de paz. De 09.11 a 15.11.2015 – Módulo I do material didático.

O primeiro ponto a ser entendido é que a comunicação começa no próprio indivíduo, mas, posteriormente, precisa ser processada na mente de outra pessoa. Isso traduz um pouco a frase lacaniana que diz que "você pode saber o que disse, mas nunca o que o outro escutou".[9] Cada pessoa é um mundo com sua respectiva história, então, não necessariamente teremos as mesmas interpretações, ainda que sobre os mesmos fatos.

A comunicação reflete os mecanismos de pensamento existentes entre a recepção dos estímulos verbais e não verbais. São construções mentais advindas da experiência, dos conceitos, dos preconceitos e das intenções dos indivíduos (SAMPAIO, 2006, p. 28.).

No processo de comunicação há sempre um emissor e um receptor da mensagem, podendo ocorrer falhas entre a intenção do emissor e o processamento da mesma pelo receptor: são os chamados "ruídos".

Estes ruídos acontecem muitas vezes porque não escutamos para compreender e sim para responder. Ou seja, enquanto um interlocutor está falando, o outro já fica pensando na resposta, e isso bloqueia uma escuta apurada, que vai além de ouvir com os ouvidos, mas também com o coração.

Precisamos saber que entender não significa concordar, mas é necessário para que se aprenda a respeitar, e, consequentemente, a nos comunicar melhor, de modo mais leve e assertivo.

---

[9] Esta e outras frases do psicanalista podem ser encontradas de forma reflexiva em: https://www.pensador.com/frases_celebres_jacques_lacan_psicanalista/. Acesso em: 15 mar. 2019.

Não adianta ficarmos procurando culpados diante de uma falha comunicacional, afinal, somos corresponsáveis. É exatamente esta consciência que fará toda diferença para sermos assertivos. Checar se a mensagem transmitida pelo emissor alcançou sua finalidade ao ser captada pelo receptor é essencial. Toda transmissão precisa cumprir seu objetivo (trans+missão), ou seja, chegar íntegra de um interlocutor ao outro.

Ao nos relacionarmos interpessoalmente, criamos mentalmente o que pode ser chamado de *contrato tácito*, pois "cada pessoa, no desempenho de determinado papel ou função, possui expectativas, sejam explícitas ou implícitas, em relação a uma série de coisas" (SAMPAIO, 2006, p. 28). Ou seja, são expectativas tácitas, conscientes e inconscientes, que cada pessoa tem a respeito das outras.

Podemos entender que quando estas expectativas não são correspondidas, há uma quebra desse contrato tácito, que pode acarretar mudanças a nível parcial, gradativo ou paradigmático.

Aquilo que pode inicialmente parecer um simples incômodo, pode se transformar em um conflito latente que, se não tratado, pode vir a se manifestar em algum momento.

Tudo isso nos leva a crer que "as pessoas se afastam porque deduzem mais do que dialogam".[10] Temos uma grande tendência de achar que "conversar não adianta"; "já tentei conversar e não dá certo não"; etc. e etc.. Tudo isso porque nossa comunicação é culturalmente violenta, mesmo sem percebermos.

---

[10] Esta frase tornou-se de domínio público e desconhece-se a autoria. Todavia, há uma análise psicológica em torno dela disponível em: https://abrangente.psc.br/as-pessoas-se-afastam-porque-deduzem-mais-do-que-dialogam/. Acesso em: 15 jul 2019.

Reproduzimos padrões de comportamento introjetados em nosso subconsciente quanto a julgar (sem achar que estamos julgando), quanto a analisar e/ou interpretar os fatos com nossos próprios juízos de valores (o que é julgar) e afirmar circunstâncias ao invés de criar hipóteses, sem sequer permitir o benefício da dúvida que uma hipótese impele, afinal, "temos certezas".

Aceitar que nossa verdade é nossa, e que o outro também pode ter a verdade dele (e isso não ser mentira, apenas ponto de vista), dói. Dói porque queremos no nosso íntimo que concordem conosco.

Todavia o que precisamos é pelo menos saber que isso faz parte da vida por sermos diferentes. Assim, deduzir requer autoconhecimento. Requer reconhecer que é dedução. E, sendo dedução, não podemos afirmar. Não podendo afirmar, vale a pena dialogar. Não é preciso concordar com o ponto de vista do outro, mas é preciso se abrir para aceitar que ele existe, buscar entendê-lo e respeitá-lo.

8.2 Dos Conflitos

A comunicação é a via régia do conflito e é por meio dela que todos os conflitos se escalam, se intensificam ou caminham para uma resolução/transformação (BASTOS, et al., 2014, p. 160).

Como seres humanos, estamos incluídos em um ambiente de constantes relações pessoais, sociais, profissionais e comerciais. Em muitas dessas situações, vivenciamos a diferença no modo de pensar, de agir, de ver o mundo e de julgar a realidade que compartilhamos com o outro. Nossas preferências, necessidades, interesses e vontades nem sempre estão alinhadas com as do outro (seja ele um indivíduo, um grupo de pessoas ou uma empresa). Isso é absolutamente natural.

Contudo, quando essas divergências são percebidas como ameaças ao que é importante para cada um de nós, configura-se uma situação que podemos chamar de conflito (NUNES, et al., 2016).

Conceitualmente, podemos compreender o conflito como "profunda falta de entendimento entre duas ou mais partes (HOUAISS, 2001)", ou, como "a interação de pessoas interdependentes que percebem objetivos incompatíveis e interferências mútuas na consecução desses objetivos (FOLGER, 1995, p.404)".

Quando um conflito surge, ocorrem três dimensões complementares: percepção (percebemos que há incompatibilidades), emoção (reagimos emocionalmente ao desacordo de alguma espécie) e comportamento (que são as ações que adotamos para expressar nossas emoções, que estão articuladas com as nossas percepções). (NUNES, et al., 2016)

A questão é que embora não controlemos os sentimentos que traduzem nossas emoções, podemos modificar nosso comportamento, porque temos capacidade de nos autoperceber, de analisar nossas emoções visando compreender as necessidades que temos diante daquele conflito, para, a partir daí, separar a pessoa do problema.

Por isso é importante compreender com que tipo de conflito estamos lidando, se é um conflito de relação, de informação, de interesse, de estrutura ou de valor.

O autor Christopher Moore (1998) verificou em seus estudos que a maior parte das causas, ou fontes do conflito, podem ser categorizadas da seguinte forma:

> 1) Conflitos de Relação – são naturalmente presentes nas situações em que as fortes emoções, as falsas percepções e as condutas repetitivas acabam impactando o relacionamento preexistente;
>
> 2) Conflitos de Informação – causados por informações insuficientes entre as pessoas em conflito, ou, quando há informações incompatíveis com os dados buscados;
>
> 3) Conflitos de Interesses – surgem quando uma ou mais partes que acreditam que, para satisfazer suas necessidades, devem ser sacrificadas as de um oponente. Há competição ao invés de cooperação;
>
> 4) Conflitos Estruturais – são causados por estruturas externas às pessoas do conflito, mas que devem ser consideradas e aceitas porque oprimem e podem não ser facilmente alteradas;
>
> 5) Conflitos de Valores – são causados por sistemas de crenças incompatíveis ou percebidas como incompatíveis, em que um quer impor sobre o outro um determinado posicionamento, não admitindo divergências (MOORE, 1998).

Ao analisar um conflito, é importante verificar se uma ou mais dessas causas estão presentes, pois a partir delas muitos bloqueios podem ser identificados e possivelmente solucionados. Se o conflito não é resolvido de forma imediata, começa um processo de crescimento ou intensificação, que pode ser interrompido a qualquer momento, por meio da utilização de abordagens sérias de solução.

Para alguns autores, como Rubin e Kriesberg (1994), o processo de crescimento ou intensificação caracteriza-se pelo surgimento do que chamamos de espiral de conflito. Segundo eles, em relações conflituosas há uma progressiva escalada, resultante de um círculo vicioso de ação e reação.

Cada reação tornase mais severa do que a ação que a precedeu e cria uma nova questão ou ponto de disputa. Esse modelo é denominado de espirais de conflito porque sugere que com esse crescimento (ou escalada) do conflito, as suas causas originárias progressivamente tornamse secundárias, a partir do momento em que os envolvidos mostramse mais preocupados em responder a uma ação que imediatamente antecedeu sua reação.

Normalmente não temos uma educação formal que nos habilite a lidar com os conflitos. Ao contrário! O que fazemos é reagir, seja atacando, fugindo ou até paralisando sem saber o que fazer ((NUNES, et al., 2016).

As reações acontecem primeiro no campo das emoções, pois vivemos primeiro a sensação para depois partirmos para a ação.

Segundo o antropólogo americano William Ury,[11] que é um renomado mediador de conflitos e responsável por inúmeros acordos de paz pelo mundo, o Brasil tem a tendência de evitar seus conflitos e aconselha que é preciso enfrentá-los, afirmando que "a verdadeira questão não diz respeito a ignorar conflitos, mas a transformá-los".

De acordo com o filósofo e educador brasileiro, Mário Sérgio Cortella, "o conflito é algo criativo, o que é negativo é o

[11] Entrevista concedida à Revista Época, escrita por Matheus Rocha, em 28/11/2018.

confronto. O conflito é a divergência de postura, o confronto é a tentativa de anular a outra pessoa" (NUNES, et al., 2016).

Quando surgem, eles têm uma dinâmica previsível, pois podem ser enfrentados de duas maneiras: construtiva ou destrutiva.

Nas palavras do autor Carlos Eduardo de Vasconcelos (2018), compreendemos claramente sobre a inevitabilidade dos conflitos:

> O conflito não é algo que deva ser encarado negativamente. É impossível uma relação interpessoal plenamente consensual. Cada pessoa é dotada de uma originalidade única, com experiências e circunstâncias existenciais personalíssimas. Por mais afinidade e afeto que exista em determinada relação interpessoal, algum dissenso, algum conflito, estará presente. A consciência do conflito como fenômeno inerente à condição humana é muito importante. Sem essa consciência do conflito tendemos a demonizá-lo ou a fazer de conta que não existe. Quando compreendemos a inevitabilidade do conflito, somos capazes de desenvolver soluções autocompositivas. Quando o demonizamos ou não o encaramos com responsabilidade, a tendência é que ele se converta em confronto e violência (VASCONCELOS, 2018).

Os conflitos sempre existirão. Eles fazem parte da vida. Ou você os acumula, ou os organiza visando resolvê-los. Neste caso, mesmo organizando-os, percebe-se que eles ainda estarão por ali. Porém, ao reconhecê-los e compartimentá-los se terá uma visão mais ampla, com perspectivas diferentes. Isso pelo menos ajudará a ter um ponto de partida, ou seja, a dar novos passos rumo às soluções, estabelecendo prioridades e superando os "vários nós" que possam ter.

Ou seja, o problema não é o conflito em si e sim a forma como ele será administrado!

Gerir conflitos tem a ver, acima de tudo, com as pessoas, pois são elas que estão em conflito. Pode ser uma grande oportunidade de transformação que leva à paz, sendo que "paz não é ausência de conflito, é administrar conflito em paz".

8.3 Da Gestão dos Conflitos

Uma administração adequada de conflitos contribui para que as pessoas conflitantes rompam com visões paradigmáticas e transitem sua percepção para um olhar novo a respeito do assunto, com prospecção de uma resolução satisfatória.

É necessário que consigamos transitar da visão comum, onde o conflito é visto como negativo, para uma nova perspectiva, na qual ele é percebido como uma oportunidade de crescimento e mudança. Na visão comum, há sempre aquela ideia de que existe um ganhador e um perdedor, quando na nova perspectiva o paradigma é de uma realidade onde todos podem ganhar.

Culturalmente, somos levados a conter nossas emoções, para não demonstrar fraqueza, quando na verdade as emoções devem ser reconhecidas, tratadas e ouvidas. É comum pensarmos que não há negociação sem concessões ou imposições, porém existem várias soluções possíveis a partir de uma boa comunicação. É preciso superar a visão segundo a qual o outro é um inimigo a ser combatido e buscar enfrentar os problemas de forma conjunta, o que pode suavizar as desavenças e resolver o conflito.

Conforme o renomado mediador Juan Vezzulla (2011, p. 41-47):

> o conflito consiste em querer assumir posições que entram em oposição aos desejos do outro, que envolve uma luta pelo poder e que sua expressão pode ser explícita ou oculta atrás de uma posição ou discurso encobridor.

Nesse sentido, é importantíssimo se identificar o que chamamos de posições, interesses e necessidades, para que as pessoas saiam do lugar e gerem movimento em direção ao consenso. As posições são o que queremos; os interesses são o que desejamos; e as necessidades são aquilo que de fato precisamos.

Essa identificação é de suma importância para a Gestão dos Conflitos, e um método imprescindível para a Mediação (SAMPAIO; BRAGA NETO, 2006, p. 32):

> Posições e interesses são centrais no tratamento que o processo de mediação dará ao conflito. Elementos emocionais encontram-se presentes, fazendo com que as partes não consigam identificar, esclarecer ou externar seus interesses, limitando a discussão ao campo da barganha de posições.

É comum que muitos já tenham ouvido falar na "Teoria do Iceberg" do escritor Ernest Hemingway. O iceberg é uma montanha de gelo que flutua no oceano. O detalhe é que o que está aparente sob as águas corresponde a cerca de 20% dele, ou seja, a sua base de sustentação está 80% submersa.

Mas o que isso tem a ver com Gestão de Conflitos? Normalmente o que as pessoas em conflito nos apresentam é a ponta do iceberg, que corresponde ao conflito manifesto. Toda outra parte corresponde ao conflito latente, ou seja, o que precisaremos identificar para nos aproximarmos do núcleo da questão, e, consequentemente, às possibilidades de solução que não se limitem à barganha de posições.

Um exemplo clássico entre aqueles que trabalham com mediação e que pode ser usado para entendermos melhor sobre esse tema, trata-se da situação onde duas irmãs estão brigando por causa de uma laranja (FISHER; URY e PATTON, 2005). A posição é o fato de se querer a laranja, diante de um discurso que afirma esse querer ("eu quero porque eu vi primeiro"; "porque ela é minha"; "porque eu comprei"; etc.); os interesses são as motivações internas das posições, ou seja, o desejo de fazer um suco ou um bolo, por exemplo; já as necessidades correspondem ao que não se pode prescindir, como por exemplo a polpa para se fazer o suco e a casca para se fazer o bolo.

Considerem então o seguinte diálogo mediado: – mediador para o mediando 1: "qual parte da laranja você precisa pra fazer seu suco?"; – resposta do mediando 1: "a polpa"; – mediador para o mediando 2: "e o que você precisa para fazer seu bolo?"; – resposta do mediando 2: "da casca". Perceba aqui que o reconhecimento mútuo de interesses e necessidades pode ensejar a cooperação entre as partes, favorecendo um contexto de equilíbro de poder e de criação de opções em prol de uma resolução.

Cada necessidade pode originar vários interesses. A necessidade é permanente, mas os interesses são transitórios, podem mudar de acordo com o tempo ou as prioridades do indivíduo (NUNES, et al., 2016). Os interesses normalmente são manifestados e aparecem por meio de pedidos, propostas ou soluções unilaterais (posições).

Quando nos concentramos em tornar mais claro o que o outro está observando, sentindo e necessitando ao invés de diagnosticar e julgar, descobrimos a nossa capacidade de gerar empatia e ter compaixão.

8.4 A Comunicação Não-Violenta como Instrumento da Gestão de Conflitos

Não adianta alguém nos dizer "se coloque no lugar do outro", pois mesmo assim veremos a situação pelo nosso ponto de vista e tenderemos a dizer "eu nunca faria isso ou aquilo se estivesse no lugar de Fulano".

Temos em Carl Rogers (1977 *apud* GOBBI *et al*, 1998)[12] que "ser empático é ver o mundo com os olhos do outro e não ver o nosso mundo refletido nos olhos dele". Assim, colocar-se de fato no lugar do outro é despir-se do seu eu e sair do seu lugar, para sentir o sentimento do outro, da forma como ele mesmo sente. Isso é possível? Somente a partir do respeito! A palavra respeito vem de "*respicere*", que significa "olhar outra vez".[13] É se permitir ver para além do seu próprio olhar, é se rever e também ver com o olhar do outro.

---

[12] ROGERS; KINGET,1977 apud GOBBI *et al*, 1998. Disponível em: https://www.passeidireto.com/arquivo/2155644/aprendizagem-centrada-na-pessoa-contribuicao-para-a-compreensao-do-modelo-educativo/2. Acesso em: 20 jul. 2019.

[13] Conceito etimológico. Disponível em: https://origemdapalavra.com.br/palavras/respeito/. Acesso em: 20 jul. 2019.

Podemos compreender a empatia como a chave da benignidade e da compaixão ao lermos a concepção de Isis Rahal,[14] na qual se leciona:

> empatia é saber enxergar a alma do outro sem julgar nada do que está ali. É respeitar o espaço e o tempo de cada um. É compreender que as dores pesam diferente dentro de cada pessoa. Nem sempre o que é fácil para você também vai ser para o outro.

A Comunicação Não-Violenta – CNV é um método de interlocução que substitui nossos velhos padrões de defesa, recuo ou ataque diante de julgamentos e críticas, para uma forma de comunicar na qual vamos percebendo a nós mesmos e aos outros por um enfoque novo (ROSENBERG, 2006).

O Processo de comunicação não violenta – CNV se baseia nas ações que estamos **observando** e que afetam nosso bem-estar, em como nos **sentimos** em relação ao que estamos observando. Este método vai ao encontro das **necessidades**, dos valores, dos desejos etc., que estão nos gerando sentimentos, para, aí sim, realizarmos ações concretas que **pedimos** para enriquecer nossa vida.

Esses quatro componentes em destaque dão sustentação à teoria de Marshall Rosenberg acima citado sobre a comunicação não violenta – CNV, aos quais podemos explicar melhor da seguinte forma:

> 1) Observação: observar o que está acontecendo sem fazer nenhum juízo de valor;

---

[14] RAHAL, Isis. Disponível em: http://isiscristinakisserabourahal.blogspot.com/. Acesso em: 20 jul. 2019.

2) Sentimento: compreender como nos sentimos ou como os outros sentem ao observar aquela situação;

3) Necessidades: estão ligadas aos sentimentos que identificamos, por isso precisamos reconhecê-las antes de fazer um pedido;

4) Pedido: o pedido vem após observarmos, sentirmos e reconhecermos nossas necessidades ou as dos outros. Ele deve enfocar o que estamos querendo da outra pessoa ou que a outra pessoa está querendo de nós para enriquecer nossas vidas.

Geralmente nossa maior habilidade é fazermos pedidos sem sequer reconhecermos nossa real necessidade, como vimos no exemplo da "briga pela laranja". Não brigamos normalmente pela laranja já reconhecendo que o que de fato precisamos dela é apenas da casca. Apenas afirmamos que queremos a laranja. Nem mesmo nosso interesse em fazer o bolo é inicialmente considerado.

Ainda segundo o mesmo autor, precisamos observar claramente as circunstâncias as quais estamos submetidos, sem acrescentar nenhuma avaliação, nenhum juízo de valor. Devemos entender o que vemos, o que ouvimos ou o que tocamos, de forma a perceber o que afeta nossa sensação de bem-estar. O filósofo indiano Jiddu Krishnamurti[15] nos leva à reflexão de que "a forma mais elevada da inteligência humana é a capacidade de observar sem julgar".

Todas estas ponderações aplicadas ao contexto da Gestão de Conflitos de fato abrem caminhos para uma transformação de si, do outro e do contexto, uma vez que reafirmamos ter o

[15] KRISHNAMURTI, Jiddu. Disponível em: https://www.pensador.com/frases_jiddu_krishnamurti/. Acesso em: 04. set. 2019.

enfoque principal nas pessoas, para além de acolher suas reivindicações, como podemos concluir a partir da sensibilidade de Quitéria Péres:[16]

> Mais do que reivindicar direitos, precisamos respeitá-los. Mais que falar, precisamos ouvir. Mais que julgar, precisamos solucionar conflitos. Mais que lutar, precisamos pacificar. Afinal, muito mais do que um destino idealizado, a paz se traduz em uma forma de caminhar.

Apropriar-se disso em nosso cotidiano nos leva a conceber as situações que inicialmente nos incomodam com mais leveza, nos direcionando a um olhar compassivo do outro e a minimizar nossas injustiças.

Esse é o grande objetivo da Mediação: restabelecer a comunicação produtiva entre os mediandos, com o fim de tornar o diálogo aceitável e possibilitar uma relação pautada na colaboração.

---

[16] PERES, Quitéria. Disponível em: http://quiteriaperes.com.br. Acesso em: 20 jul. 2019.

9
BREVE CONTEXTUALIZAÇÃO DA MEDIAÇÃO NO BRASIL

Como vimos no capítulo anterior, os conflitos permeiam as relações das pessoas que vivem em sociedade. Segundo Mary Parker Follet,[17] o conflito é inerente ao ser humano e ao mesmo tempo é neutro, e o que vai lhe dar uma conotação positiva ou negativa é a postura do ser humano frente a esse conflito.

Morton Deutsch (1977 *apud* GOMMA, 2004) explica que "um conflito existe quando atividades incompatíveis ocorrem".

Douglas Yarn (1999. p. 113) define o conflito como um processo ou estado em que duas ou mais pessoas divergem em razão de metas, interesses ou objetivos individuais percebidos como mutuamente incompatíveis. Estas atividades incompatíveis podem se originar em uma pessoa, entre duas ou mais pessoas, entre nações etc.

---

[17] FOLLET, Mary Parker. Disponível em: https://pqm-online.com/assets/files/lib/books/follett.pdf. Acesso em: 20 jul.2019.

No Brasil, as incompatibilidades entre as pessoas e entre as empresas, de forma geral são resolvidas através da judicialização dos conflitos, conforme aponta o periódico *Justiça em Números de 2018*, com o relatório do Conselho Nacional de Justiça, onde consta que no Brasil temos aproximadamente 8 milhões de processos judiciais em andamento.[18]

Os dados demonstram que o povo brasileiro ainda não assimilou uma cultura de utilização de meios consensuais de resolução de conflitos, como a mediação, por exemplo, antes do processo judicial.

O acesso ao judiciário é amplamente garantido pela Constituição Federal brasileira:

> Art. 5º: omissis.
>
> I – (...);
>
> XXXV – A Lei não excluirá da apreciação do Poder Judiciário lesão ou ameaça a direito."

O conceito de acesso à justiça é bastante amplo e com o surgimento do *Welfare State*, no século XX, passou a ser concebido como um direito efetivo e incluído aos direitos sociais básicos, além do direito ao trabalho, à saúde e à educação. Segundo Márcia Terezinha Amaral (2009, p. 51) a expressão acesso à justiça compreende o acesso a uma ordem jurídica justa, que deve ser extensiva ao maior número de pessoas e não deve ser confundida com o acesso ao judiciário.

---

[18] Disponível em: http://www.cnj.jus.br/files/conteudo/arquivo/2018/08/44b7368ec6f888b383f6c3de40c32167.pdf. Acesso em: 20 jul. 2019.

A percepção desse novo parâmetro provocou enorme revolução no meio Jurídico, não sendo possível dela dissociar o surgimento e crescimento da mediação em nosso País. A história da mediação está relacionada ao movimento do acesso à justiça. Na década de 70, nos Estados Unidos, o movimento buscou formas de solução de disputas que auxiliassem na melhoria das relações sociais envolvidas no conflito. Os resultados obtidos demonstraram que as novas formas de resolução de conflitos, como a mediação, levaram à redução de custos e à reparação das relações sociais.

Esses resultados incentivaram a criação, no Brasil, dos juizados especiais, instituídos através da Lei nº 9099/95, que trouxe a autocomposição por meio da conciliação.

Em 1999, as Organizações das Nações Unidas, na Declaração e Programa de Ação sobre uma cultura de Paz,[19] acolheram a mediação como parte integrante desse programa de ação para a implantação global de uma mentalidade, sob um parâmetro diferenciado:

> ...reconhecendo que a paz não é ausência de conflitos e sim um processo positivo, dinâmico e participativo, que favorece o diálogo e a regulação de conflitos num espírito de compreensão e de cooperação mútuas.

O art. 3º da Declaração prevê:

> O desenvolvimento pleno de uma Cultura de Paz está integralmente vinculado: a) À promoção da resolução pacífica dos conflitos, do respeito e entendimento mútuos e da cooperação internacional.

---

19 Disponível em: http://www.comitepaz.org.br/download/Declara%C3%A7%C3%A3o%20e%20Programa%20de%20A%C3%A7%C3%A3o%20sobre%20uma%20Cultura%20de%20Paz%20-%20ONU.pdf. Acesso em: 20 jul. 2019.

A mediação, portanto, tem sido incentivada mundialmente pelo órgão que se propõe a difundir a cultura de paz no mundo, que é a ONU.

No Brasil, a Resolução 125 do Conselho Nacional de Justiça - CNJ buscou padronizar o uso da mediação em todo o Estado Brasileiro, mas, mesmo antes da sua entrada em vigor a mediação judicial era feita através de projetos isolados nos tribunais brasileiros.

A Resolução trouxe a previsão da criação de um Núcleo Permanente de Métodos Consensuais de Solução de Conflitos - NUPEMEC, órgão responsável por desenvolver a política judiciária local de Resolução Adequada de Disputas - RAD em cada tribunal do país e dos Centros Judiciários de Solução de Conflitos e Cidadania - CEJUSCs, instalados nas circunscrições judiciárias, com o objetivo primordial de realizar as sessões de mediação e de conciliação.

Além disso, a Resolução 125 estabeleceu o Código de Ética dos Mediadores. Foi uma grande mudança institucional e que deu início à reestruturação dos Tribunais brasileiros para uma nova realidade de resolução de conflitos.

Logo a seguir, com a edição da Lei nº 13.140/15 (Lei de Mediação) e da Lei nº 13.105/15 (Novo Código de Processo Civil - NCPC), a mediação tomou contornos oficiais.

O processo judicial que durante muitos anos foi utilizado como a única possibilidade de resolução de conflitos no Brasil já não se mostrava tão eficiente. Iniciava-se uma quebra de paradigma, uma mudança de modelo mental. A aprovação da Lei de Mediação e a edição do Novo Código de Processo Civil fizeram com que diversos segmentos, públicos e privados, buscassem se adaptar à nova realidade de resolução de conflitos.

Em termos legais, os parágrafos 2º e 3º do art. 3º do NCPC estipulam que:

> Art. 3º. (...)
>
> §2º O Estado promoverá sempre que possível a solução consensual dos conflitos.
>
> §3º A conciliação, a mediação e outros métodos de solução consensual de conflitos deverão ser estimulados por juízes, advogados, defensores públicos e membros do Ministério Público, inclusive no curso do processo judicial.

O art. 3º, da Lei 13.140/15, a Lei de Mediação prevê:

> Art. 3º Pode ser objeto de mediação o conflito que verse sobre direitos disponíveis ou sobre direitos indisponíveis que admitam transação.
>
> § 1º A mediação pode versar sobre todo o conflito ou parte dele.
>
> § 2º O consenso das partes envolvendo direitos indisponíveis, mas transigíveis, deve ser homologado em juízo, exigida a oitiva do Ministério Público.

A previsão acima faz com que a mediação possa também ser utilizada em diversos conflitos familiares. O art. 334 do atual Código de Processo Civil determina que o juiz, estando presentes todos os requisitos legais da petição inicial, e, se não for caso de improcedência liminar da ação, designe a audiência de conciliação ou de mediação, que somente não ocorrerá em caso de expressa manifestação de ambas as partes pela não realização. Essa previsão desencadeou o entendimento de que há a obrigatoriedade da audiência de conciliação e de mediação nos processos judiciais, inclusive nos de família.

Outra previsão que veio corroborar esse entendimento é a do §8º, do art. 334, que estabelece que o não comparecimento injustificado do autor ou do réu à audiência de conciliação ou de mediação deve ser considerado ato atentatório à dignidade da justiça e deve ser sancionado com multa de até dois por cento da vantagem econômica pretendida a do valor da causa, revertida em favor da União ou do Estado.

Além disso, há no NCPC um capítulo inteiro dedicado às Ações de Família, que é o capítulo X. A mediação de família, prevista nos artigos 693 e seguintes do CPC passou a ser obrigatória conforme nosso entendimento, pois o juiz ao receber a petição inicial designará a audiência de mediação e conciliação (art. 695). O art. 694 valida a importância da mediação familiar, judicial ou extrajudicial:

> Art. 694. Nas ações de família, todos os esforços serão empreendidos para a solução consensual da controvérsia, devendo o juiz dispor do auxílio de profissionais de outras áreas de conhecimento para a mediação e conciliação.
>
> Parágrafo único. A requerimento das partes, o juiz pode determinar a suspensão do processo enquanto os litigantes se submetem à mediação extrajudicial ou à atendimento multidisciplinar.

De forma breve, pudemos verificar que a mediação tem percorrido um caminho longo no país para se firmar como uma das formas de efetivo acesso à justiça pelo cidadão: uma justiça em que as próprias partes buscam soluções que lhes sejam satisfatórias.

Como as grandes mudanças de comportamento no Brasil decorrem da existência de leis para norteá-las, como foi, por exemplo, com o uso do cinto de segurança pelos motoristas, não poderia ser diferente com a mediação. Toda mudança necessita de um tempo para ser maturada, absorvida e plenamente aplicada. A mediação no nosso país passa por essa fase de adaptação.

Desde o ano passado, o Ministério da Educação e Cultura – MEC, implementou na grade curricular dos cursos de Direito a obrigatoriedade da disciplina sobre os métodos adequados de resolução de conflitos, o que contribuirá para uma mudança de paradigma na formação dos operadores do direito quanto às diversas formas de resolução de conflitos.

Os primeiros passos já foram iniciados. Cabe a cada um de nós fazer a sua parte nessa mudança.

10
A MEDIAÇÃO NA PRÁTICA: DO PROCESSO E SEUS PROCEDIMENTOS

A Mediação é uma via satisfativa de gestão de conflitos na medida em que envolve os participantes em todas as fases do seu procedimento. Conforme VEZZULLA (1995), é uma técnica de resolução de conflitos não adversarial que, sem imposições de sentenças ou laudos e com profissional devidamente formado, auxilia as partes a acharem seus verdadeiros interesses e preservá-los num acordo criativo onde as duas partes ganham.

Através dela, enquanto Métodos Adequados de Solução de Conflitos – MASC, as partes constroem, mediante o diálogo, as melhores opções para solucionar suas questões, o que proporciona um sentimento de inclusão e responsabilidade sobre as decisões tomadas e, consequentemente, no cumprimento dos pontos acordados.

Conceitualmente, temos em VASCONCELOS (2018) que:

> Mediação é um meio geralmente não hierarquizado de solução de disputas em que duas ou mais pessoas, com a colaboração de um terceiro, o mediador - que deve ser apto, imparcial, independente e livremente escolhido ou aceito - expõem o problema, são escutadas e questionadas, dialogam construtivamente e procuram identificar os interesses comuns, opções e, eventualmente, firmar um acordo.

Segundo o Conselho Nacional de Justiça - CNJ, **instituição pública** que visa aperfeiçoar o trabalho do **sistema judiciário brasileiro**, principalmente no que diz respeito ao controle e à transparência administrativa e **processual,**[20] a Mediação pode ser definida como uma negociação facilitada ou catalisada por um terceiro.

Em seu Manual de Mediação Judicial, encontramos a Mediação como método de resolução de disputas no qual se desenvolve um processo composto por vários atos procedimentais pelos quais o terceiro imparcial facilita a negociação entre as pessoas em conflito, habilitandoas a melhor compreender suas posições e a encontrar soluções que se compatibilizam aos seus interesses e necessidades.

Tais conceituações nos levam a observar a Mediação como um mecanismo autônomo, eminentemente extraprocessual, para solução de situações pertencentes à esfera privada das pessoas envolvidas. Ou seja, segundo Petrônio Calmon em prefácio à obra de Theobaldo Spengler (Org.), a Mediação nada tem a ver com processo judicial e nem sequer seria adequado

---

[20] Sobre o CNJ, recomenda-se acessar: http://www.cnj.jus.br/sobre-o-cnj

falar em Mediação Judicial (SPENGLER, 2010). Por se tratar de um método privado por natureza, poderíamos aceitar melhor os termos "Mediação no Poder Judiciário" ou "no âmbito Judicial" ao invés de adjetivarmos a Mediação.

O procedimento de Mediação conta com uma série de técnicas aplicadas em momentos específicos, as quais partem de princípios e valores das próprias pessoas envolvidas na disputa (SERPA, 2017), para buscar produzir resultados satisfatórios na solução do problema.

10.1 Princípios da Mediação

A Lei nº 13.140 de 2015, conhecida como "Lei de Mediação", regulamenta a base principiológica da Mediação:

> Art. 2º A mediação será orientada pelos seguintes princípios:
>
> I – imparcialidade do mediador;
>
> II – isonomia entre as partes;
>
> III – oralidade;
>
> IV – informalidade;
>
> V – autonomia da vontade das partes;
>
> VI – busca do consenso;
>
> VII – confidencialidade;
>
> VIII – boa-fé.

A compreensão de cada um destes princípios é fundamental para que se alcance a exata dimensão do procedimento mediatório:

> **Imparcialidade:** significa ausência de favoritismo ou preconceito com relação a palavras, ações ou aparência. Implica um

compromisso de ajuda a todos os envolvidos no conflito, em oposição ao método tradicional de defesa de cada parte individualmente, na movimentação em direção a um acordo.[21]

Isonomia: tem o propósito de contribuir para um desfecho harmônico entre as partes. O mediador deve ter o cuidado em tratar as partes de forma equânime, proporcionando a ambas os mesmos de critérios de participação e as mesmas oportunidades.[22]

Oralidade: os atos das sessões de Mediação devem ser realizados, preferencialmente, de forma oral. Para Miranda Netto e Soares *apud* Almeida (2015), o princípio possui tríplice objetivo: a) conferir celeridade ao processo; b) fortalecer a informalidade dos atos; c) promover a confidencialidade, registrando-se o mínimo possível.[23]

Informalidade: um processo de Mediação não está submetido a nenhuma norma de direito substantivo ou processual. Todas as normas emergidas têm um caráter privado, não se vinculam a nenhum sistema jurídico (SERPA, 2017, p. 162).

Autonomia da vontade das partes: ninguém participa de um processo de Mediação a não ser mediante a vontade, absolutamente livre. O que é compulsório é a presença no local determinado para a sessão informativa, mas a participação propriamente dita só acontecerá se houver completa concordância das partes, como condição *sine qua non* para o

---

21 Informação conceitual extraída da regra 10.070 do Capítulo 44.1011 dos Estatutos da Flórida (SERPA, 2017, p. 164).

22 Conceitos extraídos do artigo "Princípios Exclusivos da Mediação", por Filipe Paz, 2018. Disponível em: https://filipeadp.jusbrasil.com.br/artigos/574525145/os-principios-exclusivos-da-mediacao. Acesso em: 22 jul 2019.

23 Revista FONAMEC – Rio de Janeiro, v. 1, n. 1, p. 321-337, maio 2017.

andamento do processo,[24] afinal, são elas que detêm o poder de decisão.[25]

Busca do consenso: é uma das finalidades do mediador, Para tanto, se faz necessário aplicar as técnicas da mediação de forma a estimular o diálogo para que se alcance o fim pacífico do conflito. Quanto mais próximo o entendimento das partes, mas próximo também estará do fim da controvérsia.[26]

Confidencialidade: este princípio norteia o processo de Mediação. O mediador, invariavelmente, oferecerá confiança às partes, resguardando-as da violação do sigilo contra terceiros e mesmo entre si. As revelações que uma fizer separadamente ao mediador permanecerão em sigilo, salvo solicitação em contrário, por uma parte em relação à outra.[27]

Boa-fé: trata-se da vontade das partes em resolver o conflito, pois se houve procura por uma solução pacífica da lide, se subentende que se chegue com boa vontade e sem intenção de querer prejudicar o outro.[28]

Percebe-se que três desses princípios podem ser considerados como exclusivos da Mediação (isonomia entre as partes,

---

[24] Conceitos disponíveis em: https://www.portaleducacao.com.br/conteudo/artigos/psicologia/os-tipos-de-comunicacao/62938. Acesso em: 10 jul. 2019.

[25] Esta e outras frases do psicanalista podem ser encontradas de forma reflexiva em: https://www.pensador.com/frases_celebres_jacques_lacan_psicanalista/. Acesso em: 15 mar. 2019.

[26] Conceitos disponíveis em: https://www.portaleducacao.com.br/conteudo/artigos/psicologia/os-tipos-de-comunicacao/62938. Acesso em: 10 jul. 2019.

[27] Esta e outras frases do psicanalista podem ser encontradas de forma reflexiva em: https://www.pensador.com/frases_celebres_jacques_lacan_psicanalista/. Acesso em: 15 mar. 2019.

[28] Conceitos disponíveis em: https://www.portaleducacao.com.br/conteudo/artigos/psicologia/os-tipos-de-comunicacao/62938. Acesso em: 10 jul. 2019.

busca do consenso e boa-fé), enquanto os demais são comuns à Mediação e Conciliação (PAZ, 2018), estando abordados no artigo 166, do Código de Processo Civil – CPC/2015:

> Art. 166: A conciliação e a mediação são informadas pelos princípios da independência, da imparcialidade, da autonomia da vontade, da confidencialidade, da oralidade, da informalidade e da decisão informada.

Observa-se da leitura do dispositivo, a menção também aos princípios da independência e da decisão informada, que podem ser assim explicados:

> Independência: Relaciona-se aos aspectos funcionais e a autonomia do mediador perante pressões externas.[29]
>
> Decisão Informada: diz respeito à relação do mediador com os advogados, permitindo que estes mantenham os envolvidos informados quanto aos seus direitos, pois o mediador não pode prestar orientação jurídica, cabendo a ele apenas informar sobre os direitos afetos ao procedimento e ao contexto fático no qual está inserido.[30]

Estes princípios são a base criadora e informadora das técnicas de mediação, imprescindíveis à construção de um ambiente que favoreça a criação da solução pacífica pelas próprias partes.

---

[29] ENAM – Escola Nacional de Mediação e Conciliação. Curso Resolvendo Conflitos de Forma Construtiva: a contribuição de cada um para uma cultura de paz. De 09.11 a 15.11.2015 – Módulo I do material didático.

[30] Este princípio foi acrescentado pela Emenda nº 1/2013 da Resolução nº 125 do CNJ; LAGRASTA, 2016.

10.2 Características da Mediação

A Mediação devolve às pessoas o controle sobre o conflito, através de um processo participativo e flexível. Estas são características basilares deste método, que visa preservar o laço relacional e não apenas focar na resolução do problema, por meio da interlocução de um terceiro que utilizará de ferramentas técnicas que facilitarão o diálogo para gerar movimento em direção ao consenso.

O sentimento de cooperação e a fluidez na comunicação devem ser trabalhados para que, entre as diferenças, possam-se encontrar os objetivos comuns de uma solução harmônica, sem julgamentos.

Neste sentido, temos em Juan Carlos Vezzulla (2011) que:

> A mediação faz com que os seus participantes desenvolvam as suas capacidades de dialogar entre eles, como para que cada vez que se manifesta um conflito entre eles possam abordá-lo de uma maneira mais simples e mais gratificante.
>
> A mediação é didática, pois além de desenvolver nos participantes a capacidade de dialogar, também permite a reflexão sobre como se relacionar, como enfrentar os conflitos de uma maneira mais adequada e satisfatória preservando e até aprimorando os relacionamentos. (VEZZULLA in CTC-PMC, 2011, p. 44)

O principal objetivo da Mediação é restabelecer o diálogo entre as pessoas em conflito, permitindo ressignificar a relação pré-existente e preservar seus laços. O acordo acaba sendo algo eventual a partir do resgate da responsabilidade dos envolvidos na tomada de decisão, que vem a transformar o conflito em aprendizado.

Trata-se de um procedimento prático, informal e flexível, com menor custo financeiro, emocional e de tempo.

A mediação incentiva a participação das próprias partes, ou seja, legitima quem realmente detém o controle sobre a situação vivenciada, oportunizando soluções criativas, práticas, duradouras e autoexecutáveis, na medida que criada pelos envolvidos no problema.

Além disto, o procedimento preserva a confidencialidade e evita precedentes, possibilitando relações mais interativas e contínuas, minimizando confrontos.

Segundo a autora Maria de Nazareth Serpa (2017):

> a Mediação é uma alternativa à violência, que permite às partes conflitantes se concentrarem nos problemas que envolvem a disputa, abstraindo-se de seus sentimentos e posições e da própria pessoa do opositor.

É a possibilidade de tornar o conflito impessoal, separando a pessoa do problema, levando as partes a terem um olhar distanciado da situação e a consequentemente que se abram para soluções a partir de uma nova perspectiva.

A Mediação possui uma série de vantagens, podendo ser considerada como um dos principais Métodos Adequados de Solução de Conflitos – MASC, aplicável em vários tipos de relações conflituosas, nos mais diversos segmentos, na medida em que trabalha com foco nas pessoas, e, nas palavras da mediadora Marisa Petkevicius (2016), "pessoas não são papéis, sentimentos não são sentenças e destinos não são recursos".

10.3 O Papel do Mediador

O mediador de conflitos vislumbra coordenar ações individuais de pessoas em litígio, chamados de mediandos, para buscar situações de entendimento, usando a linguagem dialogada para integrar os propósitos divergentes.

Segundo Warat (2008), na Mediação, é fundamental trabalhar os *não-ditos*, pois estes expressam o conflito com um grau maior de riqueza. Os detalhes de um conflito se revelam muito mais pelo *não-dito*, do que pelo expressado. Toda Mediação é feita de infinitos detalhes que têm que ser cuidados.

Para lidar com emoções, reconhecendo e aceitando as emoções do outro, bem como permitir um ambiente que o deixe à vontade para desabafar, sem reagir aos picos, até de reações explosivas, é imprescindível que o mediador esteja em permanente autoavaliação, evitando gestos ou palavras que possam ser compreendidas como concordância ou discordância do que alguém falou.

O mediador é neutro em relação à questão e imparcial em relação às partes, devendo viabilizar igualdade de oportunidades de fala, escuta ou outro tipo de intervenção.

Sobre este aspecto, o mediador age no sentido de encorajar e facilitar a resolução de uma disputa sem prescrever a solução. O aspecto chave para a Mediação é o fato de que o mediador figura como um terceiro que não tem nenhum interesse pessoal no mérito das questões. Sem essa intervenção neutra ao mérito, as partes são incapazes de engajar uma discussão proveitosa (SERPA, 2017).

O mediador não é Juiz nem Árbitro (não julga/não decide); Advogado (não defende parte de ninguém); Psicólogo (não faz psicoterapia); Conselheiro (o conselho corre o risco de ser um atalho que conduz à uma solução ingênua); Professor (não detém o saber); Assistente Social (não fornece assistência); Administrador (não deve administrar as pessoas impondo-lhes regras); dentre outros. O mediador é, simplesmente, mediador.

A Lei de Mediação (L13.140/15) traz os critérios para a atuação do mediador no âmbito extrajudicial e judicial, quais sejam:

> Subseção II
>
> Dos Mediadores Extrajudiciais
>
> Art. 9º Poderá funcionar como mediador extrajudicial qualquer pessoa capaz que tenha a confiança das partes e seja capacitada para fazer mediação, independentemente de integrar qualquer tipo de conselho, entidade de classe ou associação, ou nele inscrever-se.
>
> Art. 10. As partes poderão ser assistidas por advogados ou defensores públicos.
>
> Parágrafo único. Comparecendo uma das partes acompanhada de advogado ou defensor público, o mediador suspenderá o procedimento, até que todas estejam devidamente assistidas.
>
> **Subseção III**
>
> **Dos Mediadores Judiciais**
>
> Art. 11. Poderá atuar como mediador judicial a pessoa capaz, graduada há pelo menos dois anos em curso de ensino superior de instituição reconhecida pelo Ministério da Educação e que tenha obtido capacitação em escola ou instituição de formação de mediadores, reconhecida pela Escola Nacional de Formação e Aperfeiçoamento de Magistrados - ENFAM ou pelos tribunais, observados os requisitos mínimos estabelecidos pelo Conselho Nacional de Justiça em conjunto com o Ministério da Justiça.

O papel do mediador deve ficar claro diante dos mediandos, para que se garanta a boa condução do processo. Enquanto facilitador do diálogo, o profissional devidamente qualificado e formado para o desempenho desta atividade complexa e de tamanha responsabilidade, deve ter uma escuta ativa e apurada. Somente assim poderá se aprofundar nas questões e identificar os interesses subjacentes, sem emitir sugestões ou fazer juízo de valor, buscando atuar, na maior parte das vezes, através de perguntas que permitem muitos esclarecimentos.

O mediador, então, deve propor uma organização que gere discussões produtivas e se certificar de que nada que interfira no resultado foi omitido, fazendo resumos que visem reflexões por meio de uma linguagem neutra, tendo sempre uma visão ampla do contexto social envolvido, para reconhecer sentimentos e auxiliar às partes na tomada de decisões.

10.4 As Fases da Mediação e seus Objetivos

Existem diferentes formas de se estudar a Mediação para melhor compreensão.

O Instituto de Certificação e Formação de Mediadores Lusófonos – ICFML divide a mediação em cinco fases, sendo seu critério de utilização internacional, considerando as Mediações que ocorrem no âmbito privado.

Na prática, pode acontecer que nem todas essas fases, ou etapas, aconteçam na sequência que será apresentada.[31]

---

[31] ICFML – Ana Maria Maia Gonçalves – 2012/2017. Todos os direitos reservados.

Trata-se de uma orientação metodológica que deve atender à filosofia de flexibilidade, própria do procedimento, para se adaptar às necessidades de cada caso.

Antes do processo de Mediação efetivamente acontecer, há uma etapa preliminar considerada "Fase 0", chamada de Pré-Mediação. Esta é a fase de preparação onde ocorre a sessão informativa do procedimento, a fim de criar as condições favoráveis à uma conversa construtiva e permitir que as partes exerçam voluntariamente seu direito de adotar a Mediação como Método Adequado de Solução de Conflitos, confirmando o início do processo.

Fase 1 – Introdução do Mediador

O objetivo desta etapa é fomentar a confiança das partes no processo de Mediação e no mediador, por meio da criação de um clima propício, com o reforço das informações procedimentais e a gestão das expectativas.

Fase 2 – Primeira Sessão Conjunta

Esta etapa abre o discurso das partes e consequentemente o caminho que será percorrido por todos os envolvidos diretamente na Mediação. O foco principal é sair do passado (posições) para vislumbrar o futuro (alcance dos interesses), quando o mediador auxiliará na estruturação do processo e na organização das ideias (comunicação das partes), tendo como norteadores os seguintes passos com seus objetivos (SERPA,2017, p. XXIV):

- Comentários iniciais das partes: perceber o que trouxe cada uma das partes à Mediação e os temas que devem ser discutidos;

- Reflexão e Resumo: promover a escuta própria e recíproca das partes;
- Definição da Agenda: contextualizar e enquadrar as questões;
- Aprofundamento das questões: aprofundar a compreensão dos participantes sobre as questões e enquadrar essa compreensão em termos de interesses.

Fase 3 – Sessão Privada com um e outro participante

Nesta etapa, ou ferramenta auxiliar do mediador também chamada de *cáucus* – que pode ser utilizada em qualquer outro momento do procedimento, seja por requerimento deste ou das próprias partes – o foco é avançar no processo para explorar agendas escondidas, permitindo um espaço propício para as expressões das emoções. Deve-se avaliar a experiência do participante em relação à Mediação, verificar se todas as questões foram levantadas e antever mutuamente opções a serem alcançadas.

Fase 4 – Negociação

A Mediação em si é considerada uma modalidade de Negociação assistida por um terceiro. Todavia, como em um processo, possui procedimentos que levarão pedagogicamente a um resultado concreto. Por isso, a Negociação propriamente dita também tem seu lugar enquanto etapa procedimental. Oportunamente, serão promovidas as apresentações de opções construídas pelas partes e posteriormente avaliadas como base para uma tentativa de acordo, visando sempre a geração de ganhos mútuos.

Fase 5 – Conclusão

Quando o processo está realmente caminhando para seu encerramento, é importante que o mediador sintetize progressivamente todo caminho que foi percorrido pela Mediação, reforçando os pontos da agenda que foram superados. É uma possibilidade de reconhecer ainda mais todo trabalho realizado até ali, e, de se ter a oportunidade de confirmar e documentar o acordo, se existente e apropriado.

10.5 Principais Ferramentas Técnicas

As técnicas são ferramentas utilizadas pelo mediador visando à cooperação na construção do consenso, pois permitem atingir os verdadeiros interesses e necessidades das partes envolvidas em conflito, desarmando-as e auxiliando-as, portanto, na obtenção de sua solução (LAGRASTA, 2016).

De acordo com a renomada mediadora Tânia Almeida, o mediador precisa ter à sua disposição uma caixa de ferramentas, na qual seu devido manuseio é imprescindível para se alcançar o objetivo pelo qual ela foi empregada:

> Caixa de ferramentas é uma metáfora usualmente empregada na prática da Mediação para designar o conjunto de técnicas e procedimentos utilizados na dinâmica do processo.
>
> Como em outros campos de atuação, aquele que deseja obter desempenho exitoso em uma determinada atividade, profissional ou não, deve saber reunir um conjunto de ferramentas que lhe seja útil. Reunidas as ferramentas, é preciso habilidade para eleger aquela que se adéqua ao objeto da intervenção e aos seus propósitos. Eleita, é preciso manuseá-la com a propriedade que a situação exige.

> A princípio, a eleição adequada e o manuseio apropriado das ferramentas tendem a proporcionar eficácia e efetividade ao resultado (ALMEIDA, 2014, p. 31).

É importante salientar que, dependendo da Escola ou Modelo de Mediação que se siga, as técnicas recebem nomenclatura e definições diversas confundindo-se, muitas vezes, com as etapas do procedimento. Vamos elencar a seguir as técnicas aprovadas pelo Conselho Nacional de Justiça - CNJ como padrão,[32] pois são reconhecidas pela maioria delas/deles:

Recontextualização: resumo elaborado, enfatizando convergências no discurso das partes, chegando-se a uma nova contextualização.

Identificação de Propostas Implícitas: através desta técnica elaboram-se perguntas, a fim de que sejam detectadas propostas implícitas.

Afago ou Reforço Positivo: consiste na manifestação positiva do mediador em relação ao comportamento de qualquer dos envolvidos (partes ou advogados).

Escuta Ativa: técnica através da qual o mediador deve observar e ouvir atentamente e de forma permanente e isenta os envolvidos.

---

32 As ferramentas técnicas apresentadas e conceituadas foram adotadas pela apostila didática do Curso de Formação de Instrutores e Supervisores em Mediação e Conciliação do Conselho Nacional de Justiça, de autoria da Exma. Juiza Dra. Valéria Ferioli Lagrasta, 2016.

Espelhamento ou Espelhar-se: devolver a mensagem, como espelho, a fim de gerar empatia, e cada um perceba o contexto também sob a ótica do outro.

Produção de Opção: o mediador deve incentivar a criatividade, estimulando os participantes a apresentarem soluções possíveis para o conflito.

Acondicionamento das Questões e Interesses das Partes (Enfoque no Futuro): através de perguntas abertas, o mediador deve buscar os verdadeiros interesses e necessidades dos participantes, que ficam subjacentes aos seus pedidos (explícitos), visando à obtenção de uma solução que seja boa para todos.

Teste de Realidade: o mediador auxilia os envolvidos na verificaçao da plausibilidade da proposta escolhida como solução do conflito.

Validação de Sentimentos: o mediador deve tratar os sentimentos dos envolvidos como consequência natural do conflito e dos interesses de cada um, não julgando se estão certos ou errados.

Ferramentas Auxiliares: ferramentas auxiliares às técnicas, que podem ser utilizadas a qualquer tempo, são os resumos, as perguntas e as reuniões privadas (*cáucus*).

Dentre as mencionadas ferramentas auxiliares, o mediador poderá se utilizar de várias perguntas, direcionando-as às partes, de acordo com informações obtidas nos resumos e nas reuniões privadas, que também são instrumentos muito importantes.

As perguntas, quando devidamente formuladas, possibilitam a criação de um contexto reflexivo, ampliando os recursos comunicacionais dos envolvidos no conflito, atingindo o sistema de crenças e valores destes, na medida em que produzem a reformulação do problema dentro de uma potencialidade transformativa das interações.[33]

Existem diferentes tipos de perguntas com capacidade de constituir um recurso linguístico valioso nos processos de manejo e resolução de conflitos. Porém, a tarefa do mediador ao se utilizar delas, será sempre a de ampliar o entendimento da situação a partir do ponto de vista dos envolvidos, bem como levá-los a perceberem o conflito de outro ângulo ainda não contemplado, potencializando a gestão de alternativas catalizadoras de mudanças.[34]

Podemos classificar as perguntas em quatro diferentes tipos: abertas, fechadas, circulares e reflexivas (SAMPAIO, 2006, p.28).

As perguntas abertas dão mais abertura para a "investigação", oportunizando à parte transitar da posição para o interesse, pois permitem um maior número de informações, uma vez que a pessoa perguntada pode discorrer mais sobre o assunto.

---

[33] Extraído do texto "A Arte de Fazer Perguntas", em que as psicólogas judiciais Maria Cristina Leão e Úrsula A. Vairo Maia produziram pelo setor de Psicologia e Serviço Social do Juizado Especial Criminal. Não se sabe ao certo o ano da produção do artigo, mas acredita-se que tenha sido em 2007, ano em que ambas contribuíram para o desenvolvimento do Manual de Capacitação de Conciliadores do TJMG, como material didático ou instrucional.

[34] ENAM - Escola Nacional de Mediação e Conciliação. Curso Resolvendo Conflitos de Forma Construtiva: a contribuição de cada um para uma cultura de paz. De 09.11 a 15.11.2015 – Módulo I do material didático.

As perguntas fechadas limitam o campo de informações e não permitem que uma parte se abra para compreender as razões da outra, pois são monossilábicas ou de declarações específicas e pontuais, ou seja, às vezes o perguntado só tem possibilidade de responder sim, ou não.

As perguntas circulares são aquelas que levam o participante a falar de si mesmo, quando pensa estar falando do outro. Elas abrem a perspectiva.

Por fim, as perguntas reflexivas são as que fazem os envolvidos refletirem sobre o comportamento do outro, fazendo com que se coloquem no lugar do outro e gerem empatia.

O mediador é considerado um grande perguntador. Mas, como existem várias linhas de condução do processo de Mediação, pode ser que as perguntas sejam irrisórias enquanto ferramenta técnica de determinado modelo.

É na caminhada que descobrimos que há múltiplas formas de se mediar, de se aplicar técnicas e ferramentas, de ser autêntico e de atuar profissionalmente com o estilo de Mediação que faz mais sentido para si, sem perder o rumo principiológico de ser um facilitador. Facilitadores não julgam ou interpretam, eles observam, acolhem, criam hipóteses.

O importante é saber que as perguntas auxiliam no aprofundamento das investigações, a darem voz, a permitir dizer o não dito que está ali querendo ser dito, a desobstruir fluxos de comunicação.

11
A APLICAÇÃO DA MEDIAÇÃO NO AMBIENTE FAMILIAR NO BRASIL

No capítulo 9, abordamos um breve histórico da mediação no Brasil e trouxemos alguns dispositivos legais para a utilização da mediação familiar. A contextualização da mediação familiar é importantíssima também para que busquemos verificar como deve se dar sua aplicação ao Direito Sucessório por motivos óbvios.

Acima, podemos perceber que a sucessão dos bens do falecido seguem um critério bastante lógico, através do qual atribui-se o patrimônio a quem o sujeito efetivamente o queira, ou, noutra alternativa, a lei direciona os bens conforme esta mesma vontade presumida. Ou seja: quem direcionará a escolha de herdeiros será o próprio sucedido através de um testamento, ou, em não o tendo feito, a lei buscará imaginar o que este gostaria de fazer.

Normalmente, contudo, os bens são atribuídos às pessoas mais próximas do morto, sendo que, na grande maioria das vezes, são os familiares os beneficiados.

Os conflitos de família, assim, estão extremamente próximos dos conflitos sucessórios, sendo que este método alternativo de solução de conflitos somente chegou primeiramente ao Direito de Família, dada a imediatividade da necessidade de solução de seus conflitos, pois, *os vivos não podem aguardar.*

Mediação, segundo Christopher Moore (1998), é:

> (...) a interferência em uma negociação ou em um conflito de uma terceira parte aceitável, tendo um poder de decisão limitado a um acordo, mutuamente aceitável com relação às questões em disputa. Além de lidar com questões fundamentais, a mediação pode também estabelecer ou fortalecer relacionamentos de confiança e respeito entre as partes ou encerrar relacionamentos de uma maneira que minimize os custos e os danos psicológicos (MOORE, 1998, p. 28)

Qual é o escopo da mediação familiar? A mediação familiar traz a aplicação de uma das formas autocompositivas de resolução de conflitos para a área do Direito de Família, onde as relações são continuadas e tendem a se perpetuar no tempo e na vida das pessoas envolvidas.

A mediação familiar propicia uma nova possibilidade de quebra da espiral destrutiva de conflitos das relações familiares. Conforme ensina Tânia Almeida (2014 *apud* MARODIN; MOLINARI, 2016, p. 293):

> A história social da família tem o dinamismo correspondente a cada momento de sua existência e inclui mudanças na configuração familiar e na conjugalidade com uma velocidade coerente com cada época. O homem tenta adequar-se à celeridade das mudanças que caracteriza a contemporaneidade e

> busca soluções novas para os novos eventos, numa tentativa cuidadosa de conciliá-los – novos eventos e novas soluções.

Um dos grandes desafios das decisões judiciais em conflitos familiares é o incessante retorno dessas pessoas aos tribunais em demandas constantes, principalmente porque não participaram da construção das respectivas decisões, que lhe foram impostas. Os conflitos familiares, segundo Maria de Nazareth Serpa (2017), contêm tanto conflitos legais quanto emocionais e por não serem resolvidos pelos próprios protagonistas transformam-se em disputas intermináveis.

A família é um sistema interativo, com subsistemas interdependentes e que se comunicam entre si. Portanto, o que acontece com um membro da família repercute sobre os outros, direta ou indiretamente. Lisa Parkison (2016) ensina que a teoria dos sistemas familiares é um meio de conceituar e explicar as experiências individuais e eventos da vida no contexto dos processos sociais e familiares que oferece maneiras úteis de entender as estruturas familiares, os relacionamentos e os padrões de comportamento.

Tânia Almeida (2014 *apud* MARODIN; MOLINARI, 2016), por sua vez, aborda de forma esclarecedora que a visão sistêmica da família faz com que qualquer intervenção sobre qualquer integrante desta repercutirá sobre todos. Em família, nenhuma questão é puramente legal, econômica, social ou emocional. Aparentemente, a questão pode ser monotemática, segundo a autora, mas suas repercussões provavelmente serão multifacetadas.

A mediação familiar tem se mostrado uma forma de resolução de conflitos mais eficiente do que o processo judicial e com soluções mais duradouras para os sistemas familiares.

O trabalho de um mediador de família é facilitar a comunicação entre as partes para que elas possam reorganizar o sistema familiar, buscando a sua estabilidade, e negociar sobre seus interesses e necessidades. O mediador de família é uma pessoa que auxilia as partes, que são os protagonistas na mediação, pois somente elas conhecem a sua realidade e podem chegar a uma solução satisfatória das suas questões.

A mediação familiar é mais uma possibilidade de resolução de conflitos que se apresenta no contexto judicial e extrajudicial e que permite ao cidadão ser o protagonista na tomada de decisões úteis e funcionais nos conflitos decorrentes das suas relações familiares. Não é uma panaceia, mas deve ser criteriosamente analisada quando da tomada de decisão do advogado e do seu cliente sobre os caminhos a serem tomados na busca de soluções para os conflitos familiares.

A solução do conflito familiar, como já dito, certamente terá relevo sobre a solução do conflito sucessório, sendo as situações correlacionadas.

12
MEDIAÇÃO NAS QUESTÕES SUCESSÓRIAS

Como vimos, a mediação familiar tem grande aplicabilidade nos conflitos familiares onde há a necessidade de continuidade dos relacionamentos. A abordagem que a mediação familiar promove através de um processo multidimensional e interdisciplinar de técnicas e ferramentas facilita o consenso que, algumas vezes, não pode ser imposto por decisões judiciais.

A mediação familiar pode ser utilizada para diversos conflitos familiares como, por exemplo, questões de divórcio, pensões alimentícias, guarda de filhos, regulamentação de visitas (convivência), partilha de bens, cuidados com os idosos, assim como para herança e divisão de bens, segundo Maria de Nazareth Serpa (2017).

O ciclo vital familiar, segundo Carter e Goldrick (1995), se inicia quando o projeto família é colocado em prática e finaliza com a morte da geração que iniciou aquele ciclo. Assim, a mediação familiar pode ser utilizada para as diversas etapas vivenciadas por aquele sistema familiar, inclusive, no momento da morte de um dos seus membros.

A mediação familiar também pode ser utilizada para conflitos familiares que versem sobre herança, divisão de bens, ou seja, que englobem o direito das sucessões.

As pessoas envolvidas em conflitos resultantes do falecimento de um ente querido geralmente se encontram no meio de um turbilhão de emoções que podem afetar o poder de negociação. É um momento de perda onde as pessoas envolvidas estão fragilizadas e precisam tomar decisões, muitas vezes, racionais e objetivas, que o momento não propicia.

Além disso, resolver sobre herança e partilha pode trazer à tona a subjetividade de preferências, de significados afetivos que nem sempre o direito/a lei conseguirá resolver.

Maria de Nazareth Serpa (2017, p. 390) explicita de forma clara e precisa um dos motivos pelos quais o processo de mediação funciona:

> Sim, porque mediação é um processo com infinitas possibilidades, como as peculiaridades de cada personalidade com suas ricas e incontáveis maneiras de se manifestar, quando encaram suas dificuldades e, principalmente, quando buscam condições para escrutinar seus desejos, negociar suas necessidades ou resolver seus conflitos."

Os conflitos que surgem com o falecimento de uma pessoa da família, em casos como quando há testamento, ou entre a família e a concubina do falecido, ou entre filhos adultos podem ser alimentados por sentimentos semelhantes aos que são vivenciados pelas pessoas que estão se divorciando.

De forma geral, são sentimentos de raiva, tristeza, mágoa, rejeição, perda, ressentimento, frustração.

A mediação, nesses casos, permite a expressão dos sentimentos que certamente seriam intensificados em um processo judicial, com rompimentos familiares graves e a intensificação da espiral do conflito. Nesse tipo de mediação, o mediador deverá lidar com emoções fortes por causa da perda de um ente querido, bem como questões financeiras, como a partilha dos bens e das dívidas, se houver, deixados pela pessoa que faleceu.

Além da dor da perda do ente querido, as partes envolvidas têm que lidar com as emoções decorrentes das relações com as pessoas que ficaram, com quem, muitas vezes, já existem algumas desavenças por diversos motivos. A pauta subjetiva em casos de direito das sucessões torna a mediação mais desafiadora para o mediador.

A pauta objetiva de questões ligadas a aspectos financeiros e de propriedade vivenciada, nesses casos de mediação, está intimamente conectada à pauta subjetiva das emoções resultantes dos relacionamentos familiares entre os mediandos.

Tânia Almeida (2014 *apud* MARODIN; MOLINARI, 2016, p. 305) relata com precisão o que acontece nessas situações.

> Os momentos de partilha são delicados porque fazem coexistir a dor da perda de uma pessoa querida com o contentamento por ganhos materiais possibilitados por essa perda. Os momentos de partilha são árduos porque revelam, não raramente, que indivíduos unidos pelo parentesco guardam, por vezes, distâncias afetivas abissais. Eles precisam administrar as mais diferentes percepções sobre a legitimidade de cada um com relação à distribuição do patrimônio a ser herdado.

Casos envolvendo Direito das Sucessões normalmente englobam várias partes, vários advogados e várias necessidades e interesses, tanto afetivos quanto financeiros.

São duas faces de uma mesma questão e a confusão entre as necessidades financeiras e as afetivas podem levar o mediador a perder o foco e não conseguir administrar a situação. O trabalho do mediador nessas mediações é lidar com as múltiplas variáveis com sensibilidade e técnicas.

Em muitos casos, há coalizações, que são as alianças de familiares, uns contra os outros, que podem comprometer as gerações futuras, tanto com afetos quanto com desafetos.

Um bom mediador nesses tipos de mediação é aquele capaz de auxiliar as partes a identificar seus reais interesses e a separar os valores afetivos dos valores patrimoniais dos bens em discussão de forma a promover, através de uma comunicação conciliatória, uma negociação satisfatória para todos.

13
CASOS PRÁTICOS DE MEDIAÇÃO EM PROCESSOS DE INVENTÁRIO

Há algum tempo, na verdade, a mediação vem sendo aplicada não só nos conflitos familiares, mas também estendendo seu alcance aos conflitos sucessórios. A prática tem demonstrado o pleno sucesso dos procedimentos mediatórios nos conflitos entre os herdeiros, permitindo-lhes obter uma solução diferenciada daquela às quais a sociedade está acostumada.

A ferramenta traz aos herdeiros, normalmente parentes, a possibilidade de pacificar seus conflitos sem a submissão direta à decisão de um terceiro, juiz.

Abordaremos, a seguir, três casos práticos de mediação no contexto do Direito das Sucessões. Os nomes das partes são fictícios e alguns detalhes foram modificados para preservar a confidencialidade dos casos.[35]

---

[35] Nome fictício, tendo em vista o princípio da confidencialidade que rege a mediação: art. 2º, inciso VII da Lei nº 13.140/2015.

Os casos foram mediados nos Centros Judiciários de Solução de Conflitos e Cidadania e, portanto, eram casos já judicializados, em que as famílias se encontravam em alto grau de litigiosidade, com uma comunicação turbulenta e graves ressentimentos.

O trabalho realizado nos três casos de mediação judicial, que serão relatados a seguir, foi desenvolvido por uma dupla de mediadores, com sessões de pré-mediação, que são sessões individuais com cada uma das partes e seus advogados, onde são identificadas as questões, os interesses e os sentimentos de cada uma sobre a situação.

Neste tipo de situação, são realizadas sessões de pré-mediações, nas quais se verificam a efetiva possibilidade das partes se submeterem ao procedimento, esclarecendo-lhes as regras da mediação, buscando os profissionais envolvidos quebrar os preconceitos eventualmente existentes, bem como estabelecer um vínculo de empatia entre os envolvidos.

As sessões de pré-mediação, normalmente são feitas de forma isolada com cada uma das partes, até que se estabeleça um vínculo de confiança que permita dar sequência ao procedimento.

Realizadas as pré-mediações, na primeira sessão conjunta, é estabelecida uma agenda comum. Esta agenda, estabelecida em consenso entre as partes, lhes garante a certeza de que não estão participando de uma sessão comum de julgamento, na qual simplesmente submetem sua pretensão a terceiros, que lhes apresenta uma decisão do caso.

Resolvido o aspecto da confiança no procedimento que será estabelecido para discussão do caso, se destaca a importância das sessões conjuntas, já que nestas, cada parte, após aceitar regras por elas mesmas estabelecidas, conseguem ouvir a versão contrária sem uma resistência ativa, refletindo sobre o caso sem a expectativa de se submeter a uma decisão imediata.

As sessões conjuntas, nos casos abaixo descritos, tiveram duração de 2h a 3h30 e foram realizadas sessões até que as partes encontrassem uma solução satisfatória para o conflito ou decidissem não mais continuar com a mediação, já que, é importante dizer, a mediação não tem por conclusão a oferta impositiva de uma solução ao caso, esta deverá ser construída por eles.

As mediações que correspondem ao primeiro e ao segundo caso, foram realizadas antes da edição do Novo Código de Processo Civil de 2015, ou seja, antes da obrigatoriedade do art. 334 do NCPC e também da Lei nº 13.140/15, a Lei de Mediação. Vale destaque que a participação, aqui, era feita através de um convite às partes, que compareciam de forma voluntária e poderiam ou não estar acompanhadas de advogados nas sessões de mediação.

Já as sessões do terceiro caso de mediação, ocorreram após o advento das legislações promulgadas em 2015, sendo que o procedimento foi iniciado por iniciativa e designação do juízo, com intimação das partes para comparecimento.

É importante destacar que a presença obrigatória das partes neste primeiro encontro não fere o princípio da voluntariedade que elas têm de permanecer, ao contrário, lhes é dada a oportunidade de conhecer a mediação em sessão informativa para que, a partir daí, tenham esta opção de escolha.

13.1 Primeiro caso

O primeiro caso tratou de um inventário dos bens deixados pela Sra. Maria, que havia sido casada com o Sr. João, já falecido. Da união do casal, nasceram seis filhos, quatro homens e duas mulheres, todos adultos e, na época, vivos, com idade entre 55 e 62 anos.

Segundo o relato das partes, em resumo, o bem a ser partilhado era uma casa adquirida pelos pais, na qual viviam a Sra. Maria, antes de falecer e uma das filhas, Sra. Joana, que morava e cuidava da mãe, desde o falecimento do pai, há mais de 20 anos.

A Sra. Joana tinha uma filha especial, era mãe solteira e havia se aposentado como professora. Não tinha muitos recursos, e os irmãos sabiam que o desejo dos pais, principalmente o da mãe, era que a casa ficasse para a Sra. Joana, já que os outros filhos tinham melhores condições financeiras.

Importante dizer que a legislação não agasalhava, a princípio, a pretensão dos pais. No caso do óbito dos ascendentes, sem pretender descer a maiores detalhes, o patrimônio deveria ser dividido igualmente entre cada um dos descendentes, ou seja, entre todos os irmãos, independente de situações ou dificuldades particulares.

Existia, obviamente, a possibilidade de tentar minimizar um pouco os problemas surgidos, por meio da criação de um testamento ou até mesmo de outros instrumentos jurídicos. Entretanto, conforme já dito anteriormente, não existe no Brasil a cultura de utilização destes procedimentos, mais divulgados apenas nos últimos anos, sob a expressão "planejamento sucessório", o que não foi feito pelos sucedidos.

Os participantes eram patrocinados pela Defensoria Pública, que foi convidada a participar da mediação, mas optou por não comparecer, pois considerou que as partes ficariam mais à vontade para conversar sem a presença dos advogados. Na ocasião da lavratura do termo de acordo, se houvesse, a Defensoria Pública participaria da sessão de mediação, já que não é função dos mediadores fornecer orientação jurídica às partes.

Foram realizadas cinco sessões de pré-mediações com os irmãos e seus cônjuges. Todos demonstraram interesse em participar de sessões conjuntas e de resolverem a situação o mais rápido possível de forma consensual, pois as dívidas com a casa (tributos e manutenção) se acumulavam, bem como o desgaste familiar, tendo em vista diversos desentendimentos.

A situação mais difícil ficou por conta de um dos irmãos, que chamaremos aqui de Sr. Aluísio, segundo filho dos falecidos. A última pré-mediação foi realizada com ele, que, a pedido, gostaria de ser ouvido após seus irmãos. Foram feitas três sessões com este irmão, que tinha enorme resistência à mediação, além de se mostrar muito magoado e chateado com os demais irmãos, por situações passadas vivenciadas no relacionamento familiar.

O Sr. Aluísio, como é comum na sociedade atual, considerava que somente o Poder Judiciário poderia solucionar aquele conflito, o que deveria ser feito através de uma sentença, para que ele pudesse ser "compensado" pelo juiz por situações vivenciadas no âmbito familiar no passado.

Os irmãos se encontravam divididos e atormentados com a situação e culpavam principalmente o Sr. Aluísio por esse desgaste. O processo já tramitava há 05 (cinco) anos e todos queriam ter sossego e paz, mas não conseguiam se comunicar de forma produtiva e conciliatória.

O Sr. Aluísio não falava mais com seus irmãos e até com os sobrinhos, e a possibilidade de uma sessão conjunta com os demais envolvidos não se mostrou conveniente para ele.

Foram utilizadas várias ferramentas pelos mediadores, como, por exemplo, recontextualização, sessões individuais, teste de realidade, validação de sentimentos, afago (algumas destas já mencionadas no Capítulo 11 desta obra) na tentativa de fazer uma sessão conjunta entre os irmãos para que eles conversassem no ambiente neutro da mediação.

Infelizmente, entretanto, nem a utilização das ferramentas adequadas, pelos profissionais mais capacitados é capaz de superar um valor previamente estabelecido, ou mesmo as próprias situações familiares vivenciadas. Foi o que ocorreu neste caso.

Tendo em vista que a mediação é baseada na autonomia das partes e que uma das partes envolvidas considerava que a sentença judicial seria a sua Melhor Alternativa À Negociação de um Acordo – MAANA, a sessão conjunta não chegou a ser realizada e a mediação encerrou-se.

É significativa a escolha deste caso prático para fins de exposição, pois é importante dizer que nem sempre a mediação tem como conclusão a celebração de acordo entre as partes. Ao contrário de um procedimento judicial, necessariamente encerrado com uma sentença, na mediação o êxito não tem os mesmos parâmetros de consideração de "êxito".

No caso, foi feito um trabalho individual com as partes de esclarecimentos da controvérsia e de estabelecimento das questões, dos interesses reais e dos sentimentos de cada um, o que produziu uma visão mais pormenorizada das dimensões daquele conflito não só para os mediadores, mas também para os próprios envolvidos.

Certamente que a pacificação do conflito entre os envolvidos por meio de um acordo construído por eles mesmos é o ápice desejável, mas, por outro lado, esta mudança na relação subjetiva entre as partes é fundamental sob o aspecto sociológico, já que o conflito interno familiar tende a estar amainado, possibilitando que, no futuro, as partes tenham uma compreensão básica de nuances de seu relacionamento, permitindo-lhes restabelecer vínculos já não mais presentes.

Esse foi um exemplo de que o objetivo da mediação não é um acordo a qualquer custo.

A mediação tem um objetivo muito mais profundo, principalmente em relações continuadas, de evitar que o conflito se estenda indefinidamente, se não for bem solucionado, com o conhecimento e atendimento dos interesses de todos os envolvidos.

Aquele conflito influenciava a vida de cada um dos irmãos, individual e coletivamente. Todos estavam muito desgastados e já tinham a noção de qual seria o resultado judicial, mas a mediação possibilitou que eles tivessem um novo olhar sobre a situação, compreendendo inclusive a necessidade que o irmão Aluísio tinha de que um terceiro, o juiz, julgasse aquela situação. A compreensão do desejo do outro é importante, pois os demais irmãos perceberam que no íntimo do Sr. Aluísio existia a sede de trazer sua verdade a um terceiro (juiz), e somente com o parecer deste sobre todas as versões, é que ele sentiria que tinha sido feito "justiça", ainda que a decisão lhe fosse desfavorável.

Nesse caso, a questão jurídica ficou em segundo plano nas conversas nas sessões de mediação, inclusive porque as partes estavam desacompanhadas de advogados.

A pauta subjetiva foi o foco das sessões, não como terapia, mas como espaço de diálogo para que as partes identificassem seus interesses e dos outros e se havia a possibilidade de conciliá-los. Um espaço que não seria efetivo, tendo em vista o grande número de demandas judiciais numa sala de audiências.

13.2 Segundo Caso

O segundo caso abordou a partilha dos bens deixados pelo falecimento do Sr. Raimundo, casado com a Sra. Marlene há 53 anos, com quem teve três filhos, duas mulheres e um homem, que chamaremos de Marta, Amélia e Bosco, com idade de 52, 51 e 48 anos, respectivamente.

O Sr. Raimundo teve um relacionamento extraconjugal com a Sra. Anita, com quem teve um filho, Antônio, com idade de 25 anos, à época da mediação.

A primeira sessão de pré-mediação foi marcada com a Sra. Marlene, Marta, Amélia e Bosco, entretanto, quando da sua realização, compareceram apenas os filhos e seus advogados. A Sra. Marlene não compareceu, pois se encontrava doente e os participantes informaram que ela sofria muito com essa situação e não gostaria de participar "presencialmente" das sessões.

Pelo relato dos mediandos, o Sr. Raimundo era um homem rico, que havia deixado vários bens móveis e imóveis. A Sra. Marlene nunca havia trabalhado fora do lar, mas apoiara seu marido no seu crescimento profissional.

Já o relacionamento do Sr. Raimundo com a Sra. Anita era de conhecimento de toda a família, assim como também da existência do filho Antônio, mas o único membro da primeira família que o conhecera pessoalmente, quando pequeno, foi o irmão Bosco.

Por ocasião da mediação, elucidou-se que o Sr. Raimundo, que esteve doente por vários anos e havia falecido há pouco mais de doze meses, havia deixado um testamento, que inclusive estava sendo contestado judicialmente, exatamente sob o argumento de falta de discernimento e fragilidade do testador, na medida em que teria sido feito nos últimos meses de vida.

Para a segunda sessão de pré-mediação foram convidados a Sra. Anita e Antônio (segunda família) e seus advogados. Antônio não compareceu sob a justificativa de que estava representado pela mãe, que também era advogada, e que não queria se envolver naquele conflito, já que não tinha convivido com nenhum dos irmãos, nem com a madrasta.

De forma geral, os relatos dos fatos eram coincidentes. Os participantes das duas sessões de pré-mediação estavam muito abalados, tristes e sofridos, cada um com uma percepção individual e própria da situação.

Ficou decidido que a mediação seria feita em sessões individuais e que as sessões conjuntas seriam realizadas posteriormente, quando os "ânimos" estivessem mais apaziguados.

No decorrer do procedimento, a Sra. Anita e seu advogado decidiram que seria melhor o comparecimento do Antônio, com seu próprio advogado, e não com a mãe o representando, por causa de seu envolvimento emocional com a questão.

Foram seis meses de sessões individuais, com sessões quinzenais, onde os dois grupos de mediandos compareceram com seus advogados e trabalharam arduamente em busca do consenso.

Finalmente, as partes se mostraram abertas à realização de uma sessão conjunta, o que ficou para as duas últimas sessões. Na primeira delas ocorreram fatos marcantes, já que foi a oportunidade do Antônio conhecer as irmãs. Foi uma sessão emocionante, tensa nos primeiros momentos, onde houve o compartilhamento de sentimentos guardados por muito tempo e estabelecimento de uma comunicação, inexistente até aquele momento.

Nesta sessão, as partes tiveram a oportunidade de se ouvir, de conhecer a realidade subjetiva vivenciada por cada uma, onde foi possível, dentro de um ambiente consolidado pela confiança com os mediadores, criar-se a oportunidade para o diálogo, cada um colocando seus desejos, anseios, dúvidas e temores.

A mediação é o procedimento mais apto para que as partes alcancem a possibilidade de conversar, de externar sua percepção sobre o problema, mas, também de ouvir a versão dos demais envolvidos, o que altera de sobremaneira o conflito entre os envolvidos.

Este foi um caso interessante, na medida em que as partes conseguiram desenvolver sua percepção do conflito, a ponto de externar seus anseios e receios, estabelecendo-se uma compreensão sobre a versão do outro. Isto possibilitou não só o diálogo, mas também a construção da solução do conflito pelos próprios envolvidos.

A última sessão foi para a assinatura do acordo entre os mediandos e advogados. Estes foram fundamentais para sanar as dúvidas jurídicas e para a fase de elaboração do acordo. Eram advogados especializados na área de sucessões e que deram muita segurança para seus clientes e souberam utilizar a mediação e os mediadores de forma produtiva.

13.3 Terceiro Caso

O processo judicial tratava-se de ação reivindicatória de imóvel adquirido através de herança, com pedido de antecipação de tutela. O imóvel foi adquirido pelo Sr. Jair na constância de seu primeiro casamento, com a sra. Antônia, mas não era o local onde moravam.

A Sra. Antônia possuía uma filha socioafetiva, Joaquina, que, com o tempo, também foi acolhida pelo Sr. Jair, contudo, a relação existia apenas no plano fático, sem respaldo de nenhuma formalidade.

Da união do Sr. Jair e Sra. Antônia, nasceram quatro filhos: Mariela, Maria Rita, Miguel e Manoel – duas mulheres e dois homens.

Após dois anos do falecimento da Sra. Antônia, o Sr. Jair veio a se casar com a Sra. Mirabela, quando optou por mudar-se para o imóvel objeto da lide, deixando seus filhos, em idade de adolescência e infância, sob responsabilidade da Joaquina, que na época tinha 19 anos.

O Sr. Jair e a Sra. Mirabela não tiveram filhos naturais, entretanto, a Sra. Mirabela acolheu em casa sua sobrinha Rosimeire, que na ocasião tinha 12 anos, sendo que o casal também a criou como se filha fosse.

Ocorreu que depois de um tempo a Sra. Mirabela também veio a falecer, passando então o Sr. Jair a ser cuidado por Rosimeire até seu falecimento, e, após isto, permanecendo esta a residir sozinha no imóvel objeto do litígio.

Os quatro filhos do Sr. Jair, que à época do falecimento já eram adultos e haviam constituído suas próprias famílias, promoveram a realização do inventário, no qual não incluíram Joaquinha nem Rosimeire, já que a socioafetividade carecia de reconhecimento formal. Assim, foram declarados os únicos herdeiros legítimos e, portanto, proprietários do imóvel que Rosimeire residia.

Como os filhos naturais e socioafetivos tinham opiniões diferentes sobre a natureza da relação entre estes últimos e seus pais, entendendo que Rosimeire estava na posse indevida do imóvel, acionaram o Poder Judiciário para reivindicar o bem.

Por se tratar de uma situação familiar, com vínculo anterior entre todas as partes, pois enquanto o Sr. Jair era vivo seus filhos tiveram oportunidade de ir visitá-lo algumas vezes na casa em que residia com Rosimeire, a juíza responsável pelo caso designou "audiência de Mediação".

A mediação ocorreu em duas sessões, sendo que na primeira estavam presentes os quatro filhos como autores, a Rosimeire como ré e os advogados. Na segunda sessão, a Joaquina foi convidada a comparecer também. Todos tiveram oportunidade de relatar os fatos e dizer como toda esta história foi absorvida pelas percepções de cada um no decorrer dos anos. Os advogados de cada parte foram colaborativos, respeitando os momentos de falas "não-jurídicas", e contribuindo com o fornecimento das informações jurídicas que se fizeram necessárias para esclarecimentos diversos.

Os mediadores trabalharam todas as fases da mediação, desde a abertura à conclusão, com acolhimento dos fatos, criação de agenda, identificações das questões (posições, interesses reais e necessidades), passando por chuva de ideias e análise de opções.

Restou claro que os filhos do Sr. Jair não achavam justo que a Rosimeire permanecesse no imóvel que era deles por direito. Em contrapartida, a Rosimeire também não queria impedir que os autores exercessem seu direito, mas desejava que eles também a reconhecesse como herdeira por ser sido criada pelo Sr. Jair como filha, ter cuidado dele como pai e ter vivido naquela casa durante quase toda sua vida, diferente da realidade deles.

Através do uso de técnicas variadas que permitiram o avanço da mediação de forma a validar sentimentos e ajudar no resgate da comunicação entre as partes, foi possível perceber que os irmãos tinham mágoas do pai, posto que se sentiram abandonados quando do advento do segundo casamento. Eles se sentiam injustiçados e achavam um absurdo o pedido de Rosimeire, afirmando que persistindo tal entendimento, Joaquina também deveria ser reconhecida como herdeira.

O diálogo oportunizado pela mediação, por meio de facilitação qualificada, permitiu que todos se compreendessem, se percebessem, se acolhessem e que cada um se colocasse no lugar uns dos outros. Ao saírem de suas posições e reconhecerem suas reais necessidades, foi possível gerar empatia, compaixão e cooperação.

As partes avançaram quanto às questões subjetivas de respeito e, juntos, chegaram à conclusão de que tanto a Rosimeire quanto a Joaquina também deveriam ser consideradas herdeiras e, portanto, coproprietárias do imóvel.

Ao final, as partes chegaram a um acordo quanto à venda do imóvel e divisão em partes iguais para todos os seis herdeiros, sendo que Rosimeire permaneceria no imóvel até a venda do mesmo, se comprometendo a receber as visitas previamente agendadas pela imobiliária para a concretização da compra e venda, bem como se comprometendo a zelar pelo bem, efetuando inclusive os pagamentos dos impostos e contas de água e luz.

Este foi um caso muito marcante para todos os envolvidos e também para o juízo. Foi uma grande quebra de paradigma para os advogados, que se surpreenderam com o resultado e ficaram admirados com a eficiência do procedimento.

É como bem escreveu John W. Cooley (2001):

> O que ficou agora mais claro do que nunca para mim, que pode resultar igualmente claro para vocês que praticam rotineiramente a ADR, é que estamos agora passando para uma era em que se premiará a capacidade de o advogado conceber "processos" para a solução de disputas, além das tarefas tradicionais de conceber "problemas" e "soluções". Já não basta o fato de o advogado conceber problemas jurídicos magnificamente elegantes e suas soluções e os levar ao tribunal para julgamento. Hoje em dia, os clientes estão começando a esperar, e às vezes a exigir, que seus advogados escolham ou concebam mecanismos enxutos e eficientes em termos de custos para transformar as matérias-primas ou os problemas e soluções jurídicos, normalmente da competência exclusiva dos iniciados, em produtos finais práticos, úteis e economicamente atraentes, sob a forma de acordos expeditos mutuamente vantajosos ou de julgamentos privados de risco limitado. É o arquiteto existente em todo advogado que pode fazer com que isto aconteça (COOLEY, 3001, p. 15-16).

Destarte, os três exemplos de casos foram abordados não para explorar suas implicações jurídicas, e sim, para a reflexão de que a mediação de conflitos tem trazido resultados positivos na área do Direito das Sucessões, assim como tem ocorrido em outros segmentos do Direito.

Nesse âmbito do Direito, sua aplicação traz resultados produtivos para as relações continuadas, decorrentes das relações familiares e que tendem a perpetuar no tempo através das gerações.

As pessoas buscam paz, felicidade e harmonia, recursos disponíveis de forma infinita, mas que se tornam limitados pelas próprias pessoas quando envolvidas nos conflitos. Saber utilizar os diversos meios de resolução de conflitos, na atualidade, é uma das competências exigidas dos operadores do Direito. Não há como fugir a essa realidade. Como bem disse Victor Hugo (1877 *apud* SERPA, 2017): "uma invasão de exércitos pode ser contida, mas não uma ideia cujo tempo chegou."

REFERÊNCIAS

ALMEIDA, Tânia. **Caixa de ferramentas e mediação**: Aportes práticos e teóricos. São Paulo: Dash Editora, 2014.

AMARAL, Márcia Terezinha Gomes. **O direito de acesso à justiça e à mediação**. Rio de Janeiro: Editora Lumen Juris, 2009.

BASTOS, Simone de Almeida Ribeiro; CORRÊA, Marcelo Girade; PASSANI, Andrezza Gaglionone; OLIVEIRA, Igor Lima Goettenauer de (Org.). **Resolução de conflitos para representantes de empresa**. Brasília, DF: FUNDAÇÃO UNIVERSIDADE DE BRASÍLIA, 2014, p. 160.

BEVILÁQUA, Clóvis. **Direito das sucessões**. 3. ed., Rio de Janeiro: Livraria Editora Freitas Bastos, 1938.

BEVILÁQUA, Clóvis. **Código Civil dos Estados Unidos do Brasil**. 2. ed.; v. VI, Rio de Janeiro: Livraria Francisco Alves, 1932.

BEVILÁQUA, Clóvis. **Direito da família**. 7. ed., Rio de Janeiro: Livraria Editora Freitas Bastos, 1943

BRASIL. CONSELHO NACIONAL DE JUSTIÇA. **Manual de mediação judicial**, p. 20. Brasília: CNJ, 2016. Disponível em: http://www.cnj.jus.br/files/conteudo/arquivo/2016/07/f247f5ce60df2774c59d6e2dddbfec54.pdf. Acesso em: 20 jul. 2019.

CAMACHO, Samanta. **Surfando na pororoca**: *O Ofício do mediador* – Warat. Portal Jurídico Investidura, Florianópolis/SC, 26 Mai. 2008. Disponível em: www.investidura.com.br/biblioteca-juridica/resumos/negociacao-mediacao/100. Acesso em: 28 Mar. 2017.

CARTER, B., McGoldrick, M. & Colaboradores. **As mudanças no ciclo de vida familiar**: uma estrutura para terapia de família. Porto Alegre,1995.

COOLEY, John W. **A advocacia na mediação**. Brasília: Editora UnB, 2001.

COULANGES, Fustel de. **A cidade antiga**. 2. ed. brasileira, São Paulo: Martins Fontes, 1987.

DE RUGGIERO, Roberto. **Instituições de Direito Civil**. v. III, tradução da 6. ed. italiana por Ary dos Santos, Lisboa: Livraria Clássica Editora, 1937, p. 427-428.

DEUSTCH, Morton, A Resolução do Conflito: processos construtivos e destrutivos, New Haven (CT) Yale University Press, 1977 – traduzido e parcialmente publicado em André Gomma (org.) **Estudos em arbitragem, mediação e negociação**. v. 3. Brasília: Ed. Grupos de Pesquisa, 2004.

DIAS, Maria Berenice, *et al*. **Manual de Direito das Famílias**, 12. ed, São Paulo: Editora Revista dos Tribunais, 2017.

ESCOLA NACIONAL DE MEDIAÇÃO E CONCILIAÇÃO – ENAM. **Curso Resolvendo Conflitos de Forma Construtiva**: a contribuição de cada um para uma cultura de paz. De 09.11 a 15.11.2015 – Módulo I do material didático.

FISHER, Roger; URY, William; PATTON, Bruce. **Como chegar ao sim: negociando acordos sem concessões.** Tradução Vera Ribeiro e Ana Luiza Borges - 2ª. Ed Revisada e Ampliada - Rio de Janeiro: Imago, 2005. 216 p.

GOMES, Orlando. **Sucessões**. 5. ed., Rio de Janeiro: Forense, 1984

GONÇALVES, Ana Maria Maia. Material do Curso de Certificação para Mediador Avançado do Instituto de Certificação e Formação de Mediadores Lusófonos - ICFML, 2012/2017.

GRAHAM, Pauline (Org.). **Mary Parker Follett**: profetisa do gerenciamento. Rio de Janeiro: Qualitymark, 1997.

HAYNES, John M. e MARODIN, Marilene. **Fundamentos da mediação familiar**. Porto Alegre: Ed. Artes Médicas, 1996.

HOUAISS, Antônio; VILLAR, Mauro de Salles. **Dicionário Houaiss da Língua Portuguesa.** Rio de Janeiro: Objetiva, 2001.

JOSEPH, P. Folger; MARSHALL, Scott Poole, and Randall Stutman. Conflict and Interaction. In: **Bridges not walls**, ed. John Stewart, 6th edition (New York: McGraw-Hill, 1995)

KASLOW, F., Schwartz, L.**A dinâmica do divórcio**. São Paulo: Editorial Psy. 1995.

Manual de Mediação Judicial - Conselho Nacional de Justiça.

LAGRASTA, Valéria Ferioli. Apostila do Curso de Formação de Instrutores e Supervisores em Mediação e Conciliação do Conselho Nacional de Justiça - CNJ, 2016.

LORENZETTI, Ricardo Luis. **Fundamentos do Direito Privado**. São Paulo: Revista dos Tribunais, 1998.

MARODIN, Marilene e MOLINARI, Fernanda (Org.). **Paradigmas contemporâneos e fundamentos para a prática**. Porto Alegre: Imprensa Livre, 2016.

MARODIN, Marilene e MOLINARI, Fernanda (Org.). Procedimentos em Mediação Familiar. **Coleção mediação de conflitos**. Porto Alegre: Imprensa Livre, 2017.

MAXIMILIANO, Carlos. **Direito das sucessões**. v. I, 3. ed., Rio de Janeiro: Livraria Freitas Bastos, 1952

MIRANDA, Pontes de. **Tratado de Direito Privado**. Tomo LV, 2. ed., Rio de Janeiro: Borsoi, 1968, p.18.

MOORE, Christopher. **O processo de mediação.** Estratégias Práticas para a Resolução de Conflitos. Porto Alegre: ArtMed, 1998.

NUNES, Dierle; *et al.* Novo CPC, Lei de Mediação e os Meios Integrados de Solução dos Conflitos Familiares – Por um modelo multiportas. *In:* ZANETI Jr. Hermes e XAVIER CABRAL. Trícia Navarro, **Justiça multiportas***:* mediação, conciliação, arbitragem e outros meios de solução adequada para conflitos. Salvador: Juspodivm, 2016.

OLIVEIRA, Arthur Vasco Itabaiana de. **Tratado de Direito das Sucessões**. v. I, 4. ed., São Paulo: Max Limonad, 1952, p.38.

PARKISON, Lisa. **Mediação familiar**. Belo Horizonte: Del Rey Editora, 2016.

PAZ, Filipe. *Princípios Exclusivos da Mediação.* Artigo, 2018. Disponível em: https://filipeadp.jusbrasil.com.br/artigos/574525145/os-principios-exclusivos-da-mediacao. Acesso em: 22 jul. 19.

PEREIRA, Virgílio de Sá. **Direito de família**. 2 ed., Rio de Janeiro: Livraria Editora Freitas Bastos, 1959

REVISTA FONAMEC. Rio de Janeiro, v. 1, n. 1, p. 321-337, maio 2017.

RODRIGUES, Silvio. **Direito Civil**: Direito das Sucessões. v. VII, 5 ed., São Paulo: Saraiva, 1976.

ROSENBERG, Marshall B.. **Comunicação não-violenta**. São Paulo: Ágora, 2006.

ROSENVALD, Nelson. In: **A sucessão no Facebook**. Disponível em: https://www.nelsonrosenvald.info/single-post/2016/07/20/A-suces-s%C3%A3o-no-Facebook. Acesso em: 08 ago. 2018.

RUBIN, J. Z.; PRUITT, D. G.; KIM, S. H. **Social conflict**: Escalation, Stalemate, and Settlement. Mcgraw-Hill Book Company, 1994.

SAMPAIO, L. R. C; BRAGA NETO, A. **O que é mediação de conflitos**. São Paulo: Brasiliense, 2006.

SANTOS, J. M. de Carvalho. **Repertório Enciclopédico do Direito Brasileiro**. v. XLVIII, Rio de Janeiro: Borsoi, 1947.

SERPA. Maria de Nazareth. **Mediação uma solução judiciosa para conflitos**. Belo Horizonte: Del Rey, 2017.

SPENGLER, Fabiana Marion; SPENGLER, Theobaldo (Org.). **Mediação enquanto política pública**: a teoria, a prática e o projeto de lei. Santa Cruz do Sul: EDUNISC, 2010. Disponível em: http://www.unisc.br/edinisc.

VASCONCELOS, C. E. **Mediação de conflitos e práticas restaurativas**. São Paulo: Ed. Forense, 2018.

VENOSA, Sílvio de Salvo. **Direito Civil**: Direito das Sucessões. 11. ed., São Paulo: Atlas, 2011 p. 1.

VEZZULLA, Juan Carlos. Mediação de Conflitos: a questão coletiva. In.: CTC-PMC. **Programa mediação de conflitos**: Uma Experiência de Mediação Comunitária no Contexto das Políticas Públicas. Belo Horizonte: Arraes Editores, 2011, p. 41-47.

VEZZULLA, Juan Carlos. **Mediação**. Rio de Janeiro: Instituto Liberal, 1995.

YARN, Douglas H. **Dictionary of conflict resolution**. São Francisco, Ed. Jossey Bass, 1999. p. 113.